風《ふう》雲《うん》！幕《ばく》末《まつ》志《し》士《し》事《じ》典《てん》

強《つよ》い！カッコいい！
幕末維新《ばくまついしん》のヒーロー
ここに集結《しゅうけつ》！

ながたみかこ 著
山村竜也 監修
なかさこかずひこ！ 絵

もくじ

序章《じょしょう》 幕末《ばくまつ》——新《あたら》しい時代《じだい》への始動《しどう》

1章《しょう》 幕末《ばくまつ》志士《しし》事典《じてん》

薩《さつ》摩《ま》藩《はん》のヒーロー

土《と》佐《さ》藩《はん》のヒーロー

幕末《ばくまつ》

—新《あたら》しい時代《じだい》への始動《しどう》

力《ちから》を失《うしな》っていく江戸幕府《えどばくふ》

江戸幕府《えどばくふ》とは

戦国時代《せんごくじだい》が終《お》わり、1603年《ねん》に徳川家康《とくがわいえやす》が将軍《しょうぐん》の座《ざ》につき「江戸幕府《えどばくふ》」を開《ひら》いた。幕府《ばくふ》は日本《にほん》を政治的《せいじてき》に支配《しはい》する力《ちから》をもっていた。幕府《ばくふ》を頂点《ちょうてん》として、各地《かくち》の大名《だいみょう》にそれぞれ地《ち》方《ほう》の藩《はん》を治《おさ》めさせるという体制《たいせい》だった。

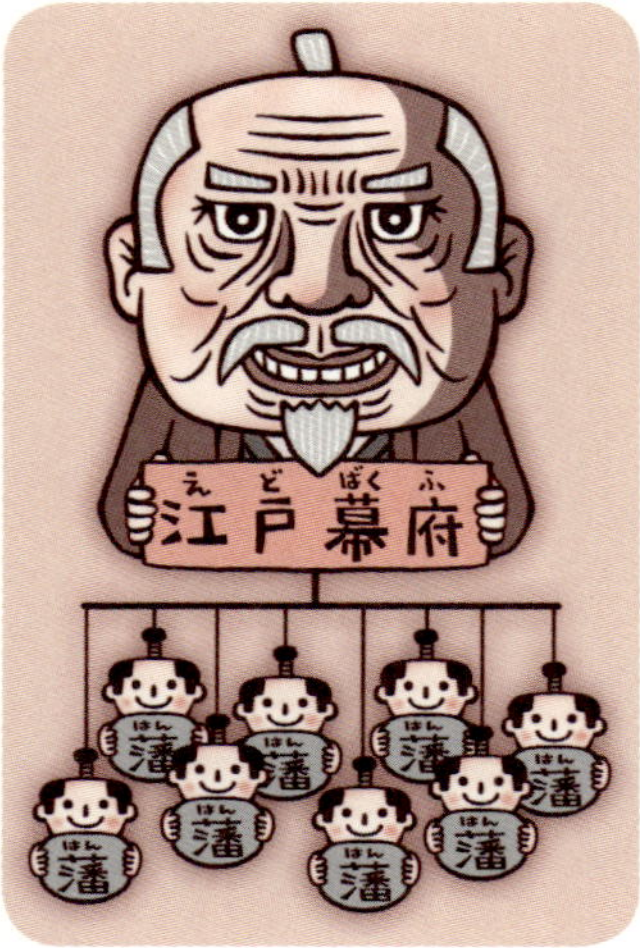

お米《こめ》がとれないとこまる！

幕府《ばくふ》の力《ちから》が強《つよ》かったのは5代将軍《だいしょうぐん》・徳《とく》川綱吉《がわつなよし》のころまでだった。

当時《とうじ》は、お米《こめ》がお金《かね》のように使《つか》われていた。だから天候不《てんこうふ》良《りょう》などでお米《こめ》がとれなくなると、打撃《だげき》をうけるのは農民《のうみん》だけではない。年貢《ねんぐ》であるお米《こめ》を回収《かいしゅう》できないと、藩《はん》や幕府《ばくふ》もこまってしまうのだ。

藩《はん》の力《ちから》が強《つよ》くなる

１７００年代《ねんだい》も後半《こうはん》に入《はい》ると、この状態《じょうたい》をなんとか打《う》ち破《やぶ》ろうと、各藩《かくはん》で改革《かいかく》がはじまった。身分《みぶん》にとらわれず、優秀《ゆうしゅう》な人物《じんぶつ》を重《じゅう》要《よう》な役職《やくしょく》につけて藩《はん》の力《ちから》を強《つよ》めていったのだ。知恵《ちえ》や知識《ちしき》のある人物《じんぶつ》を使《つか》うことにより、藩《はん》は経済力《けいざいりょく》を高《たか》め、軍事力《ぐんじりょく》もつけていった。

こうして力《ちから》をつけた代表的《だいひょうてき》な藩《はん》に、薩摩《さつま》藩《はん》・長州藩《ちょうしゅうはん》・土佐藩《とさはん》・佐賀藩《さがはん》・水戸藩《みとはん》などがある。力《ちから》をつけた藩《はん》は発言力《はつげんりょく》を増《ま》していった。

１８００年代《ねんだい》にはさらに天候《てんこう》が悪化《あっか》、人々《ひとびと》の生活《せいかつ》が苦《くる》しくなり、各地《かくち》で暴動《ぼうどう》がおこるなどしたため、幕府《ばくふ》もさまざまな改革《かいかく》を試《こころ》みたが、あまり成果《せいか》があがらなかった。

やがて力《ちから》のある藩《はん》は幕府《ばくふ》の政治《せいじ》に影響《えいきょう》をおよぼすまでになった。反対《はんたい》に、幕府《ばくふ》は力《ちから》をどんどん弱《よわ》めていく結果《けっか》となったのだ。

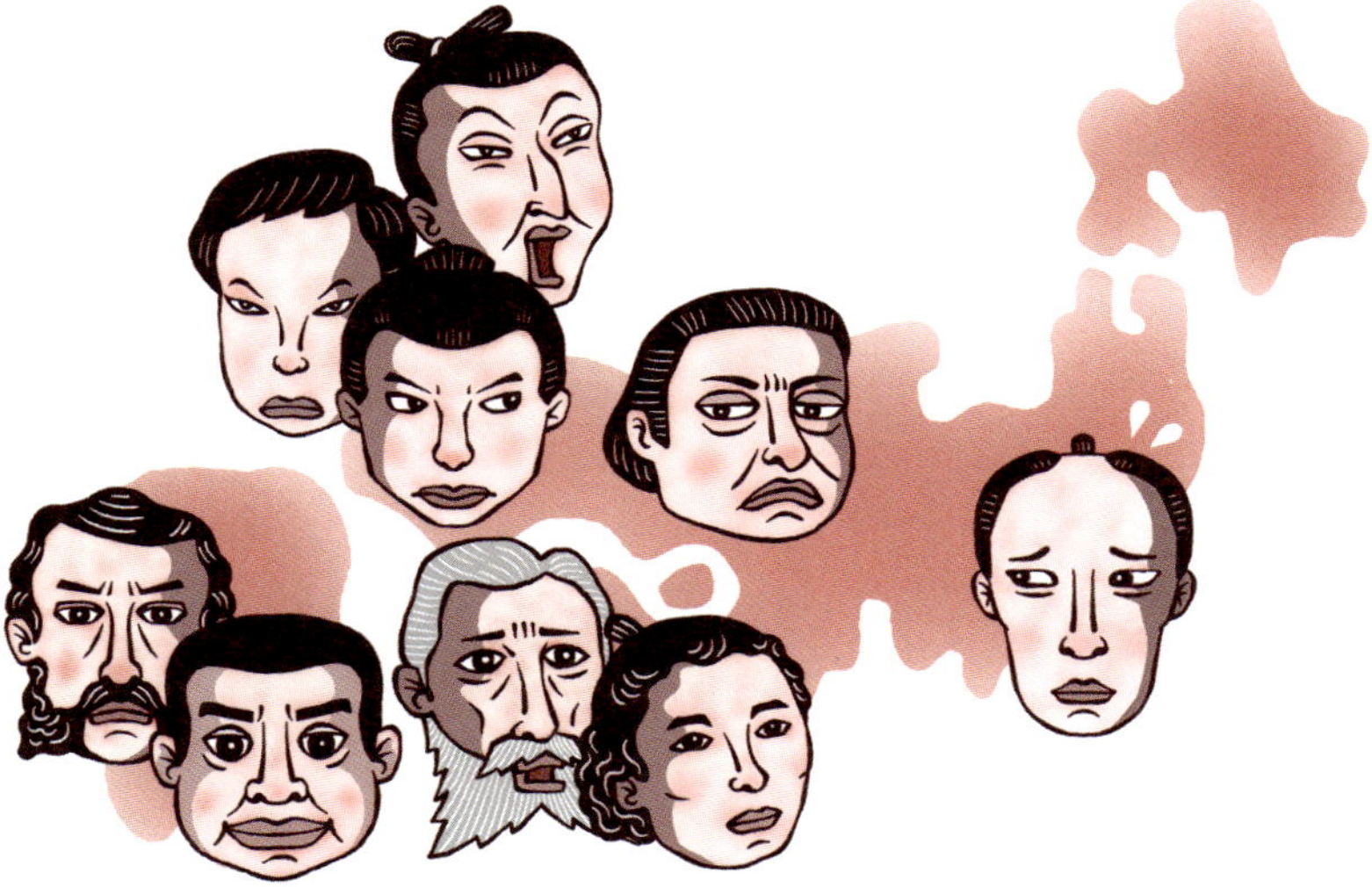

新《あたら》しい時代《じだい》を目指《めざ》す思想《しそう》

江戸幕府《えどばくふ》の力《ちから》が弱《よわ》まってきたころ、各地《かくち》で力《ちから》をつけてきた藩《はん》があらわれた。ちょうどそのとき、アメリカから黒船《くろふね》に乗《の》ってペリーが来航《らいこう》したのだ。

それをきっかけとして、日本《にほん》は佐幕開国派《さばくかいこくは》と尊王攘夷派《そんのうじょういは》のふたつの思想《しそう》をもつ者《もの》に分《わ》かれ、戦《たたか》いをくり広《ひろ》げることとなった——。

幕府側《ばくふがわ》に属《ぞく》していた志士《しし》は、基本的《きほんてき》にすべて佐幕開国派《さばくかいこくは》だったといえる。個人的《こじんてき》に「攘夷《じょうい》(外国《がいこく》の勢力《せいりょく》は追《お》い払《はら》うべき)だよなあ……」と考《かんが》えていたとしても、幕府《ばくふ》につかえ、幕府《ばくふ》から身分《みぶん》を保証《ほしょう》され、お給料《きゅうりょう》をもらっているわけだから、他《ほか》の考《かんが》えは許《ゆる》されないのだ。

ペリーが浦賀《うらが》に来航《らいこう》したとき、その矢面《やおもて》にたったのは、政権《せいけん》をにぎっていた幕府《ばくふ》だった。

江戸時代《えどじだい》、日本《にほん》は鎖国《さこく》(他《ほか》の国《くに》との交流《こうりゅう》をしない)政策《せいさく》をとっていたため、ふつうの人《ひと》たちにとって外国人《がいこくじん》は「よくわからない恐《おそ》ろしい存在《そんざい》」だった。だから、そんな恐《おそ》ろしいものは日本《にほん》に入《はい》ってきてほしくないと思《おも》ったことは、ごく当然《とうぜん》のことだったろう。また、外国《がいこく》と直接交渉《ちょくせつこうしょう》にあたるわけではなかったため、「攘夷《じょうい》だ!」と強気《つよき》なことが言《い》えたということもある。

佐幕開国派《さばくかいこくは》

おりしも幕府《ばくふ》の力《ちから》は弱《よわ》まりつつあり、実際《じっさい》に外国《がいこく》の圧倒的《あっとうてき》な武力《ぶりょく》を目《ま》のあたりにした幕府《ばくふ》は、その圧力《あつりょく》に負《ま》けて開国《かいこく》の条約《じょうやく》を結《むす》んでしまった。外国《がいこく》の圧力《あつりょく》と、国内《こくない》の尊王攘夷派《そんのうじょういは》の圧力《あつりょく》と、両方《りょうほう》に対《たい》さなければならなかった幕府《ばくふ》はさぞかし苦労《くろう》したことだろう。そんななかで、せめて天皇《てんのう》と手《て》を結《むす》ぼうと考《かんが》えた「公武合体派《こうぶがったいは》」もあらわれたが、成功《せいこう》はしなかった。

VS

尊王攘夷派《そんのうじょういは》

外国人《がいこくじん》を日本《にほん》に入《い》れるな！

外国《がいこく》に対《たい》して弱腰《よわごし》な外交《がいこう》をする幕府《ばくふ》に対《たい》し、「なぜそんなやつらの言《い》うことを聞《き》くんだ！」と腹《はら》だたしく思《おも》っているところに、当時《とうじ》の天皇《てんのう》が攘夷派《じょういは》だとわかったため、尊王攘夷派《そんのうじょういは》は朝廷《ちょうてい》が味方《みかた》についたと勢《いきお》いづき、力《ちから》をつけていった。

はじめは幕府《ばくふ》を倒《たお》そうということまでは考《かんが》えていなかったであろう尊王攘夷派《そんのうじょういは》は、やがて「倒幕派《とうばくは》」へと成長《せいちょう》していったのだ。

幕末《ばくまつ》の勢力《せいりょく》

さまざまな考《かんが》えや立場《たちば》で戦《たたか》った幕府《ばくふ》や朝廷《ちょうてい》、藩《はん》などが、どのような関係《かんけい》にあったのか見《み》てみよう。

倒《たお》せ！

対立《たいりつ》

幕府《ばくふ》

ペリー来航《らいこう》により、開国《かいこく》をせまられる。弱体化《じゃくたいか》していた幕府《ばくふ》は、朝廷《ちょうてい》と手《て》を結《むす》び力《ちから》を取《と》り戻《もど》そうとする。しかし倒幕《とうばく》という時代《じだい》の流《なが》れに逆《さか》らうことはできなかった。

主《おも》な人物《じんぶつ》
徳川慶喜《とくがわよしのぶ》、
徳川家茂《とくがわいえもち》など。

将軍《しょうぐん》ラブ

会津藩《あいづはん》

「徳川家《とくがわけ》と運命《うんめい》をともにせよ」との家訓《かくん》にしたがい、どこまでも佐幕派《さばくは》であり続《つづ》けた。幕府《ばくふ》も会津藩《あいづはん》を信頼《しんらい》していて、9代藩主《だいはんしゅ》の松平容保《まつだいらかたもり》を、重要《じゅうよう》な京都《きょうと》の守《まも》りにつけた。幕府《ばくふ》の滅亡《めつぼう》とともに会津藩《あいづはん》も廃止《はいし》となる。

主《おも》な人物《じんぶつ》
松平容保《まつだいらかたもり》、山川大蔵《やまかわおおくら》など。

開国《かいこく》しろ！

しかたないなあ…

守《まも》りたい

上司《じょうし》と部下《ぶか》

新選組《しんせんぐみ》

将軍警護《しょうぐんけいご》の浪士組《ろうしぐみ》として結成《けっせい》されるが、実《じつ》は倒《とう》幕目的《ばくもくてき》のためだったと知《し》り、独自《どくじ》に活動《かつどう》をはじめる。京都《きょうと》で警察《けいさつ》のような役目《やくめ》をし、人々《ひとびと》に怖《おそ》れられた。幕府《ばくふ》のために戦《たたか》い続《つづ》けた。

主《おも》な人物《じんぶつ》：近藤勇《こんどういさみ》、土方歳三《ひじかたとしぞう》など。

長州藩《ちょうしゅうはん》

尊王攘夷《そんのうじょうい》を主張《しゅちょう》し、開国論《かいこくろん》を否定《ひてい》した。開国論《かいこくろん》をとなえる薩摩藩《さつまはん》と激《はげ》しく対立《たいりつ》したが、「薩長同盟《さっちょうどうめい》」が結《むす》ばれたためにともに倒幕《とうばく》の道《みち》を歩《あゆ》む。薩摩藩《さつまはん》と手《て》を組《く》むことで最新《さいしん》の武器《ぶき》を手《て》に入《い》れるなど、軍事力《ぐんじりょく》を高《たか》めた。　主《おも》な人物《じんぶつ》：伊藤博文《いとうひろぶみ》、木戸孝允《きどたかよし》、高杉晋作《たかすぎしんさく》など。

対立《たいりつ》のち同盟《どうめい》

もういらん

薩摩藩《さつまはん》

開国論《かいこくろん》を主張《しゅちょう》し、長州藩《ちょうしゅうはん》と敵対《てきたい》した。しかし、「薩長同《さっちょうどう》盟《めい》」が結《むす》ばれたことにより、幕府《ばくふ》がしかけた第二次長州《だいにじちょうしゅう》征伐《せいばつ》を失敗《しっぱい》させるなど、長《ちょう》州藩《しゅうはん》に力《ちから》を貸《か》した。

主《おも》な人物《じんぶつ》
西郷隆盛《さいごうたかもり》、
大久保利通《おおくぼとしみち》など。

朝廷《ちょうてい》

もともとは政治《せいじ》を行《おこな》っていた朝《ちょう》廷《てい》だったが、鎌倉時代以降政治《かまくらじだいいこうせいじ》を幕府《ばくふ》に任《まか》せるようになっていた。幕末《ばくまつ》には再《ふたた》び権力《けんりょく》を手《て》に入《い》れようと幕府《ばくふ》と対立《たいりつ》する。神《かみ》の国《くに》である日本《にほん》が外国《がいこく》に染《そ》まるわけにはいかないと、攘夷《じょうい》にこだわった。

主《おも》な人物《じんぶつ》
孝明天皇《こうめいてんのう》、三条実美《さんじょうさねとみ》など。

協力《きょうりょく》

協力《きょうりょく》

公武合体《こうぶがったい》すれば？

土佐藩《とさはん》

公武合体派《こうぶがったいは》と*勤王派《きんのうは》に分裂《ぶんれつ》。尊王攘夷《そんのうじょうい》をかかげた結社《けっしゃ》に「土佐勤王党《とさきんのうとう》」があり、尊攘運《そんじょううん》動《どう》の一大勢力《いちだいせいりょく》となった。坂本《さかもと》龍馬《りょうま》や中岡慎太郎《なかおかしんたろう》は脱藩《だっぱん》して薩長同盟《さっちょうどうめい》を実現《じつげん》させた。

主《おも》な人物《じんぶつ》
坂本龍馬《さかもとりょうま》、武市半平太《たけちはんぺいた》など。

あいつらヤバイぜよ…

帰《かえ》れ!!

開国《かいこく》しろ！

外国《がいこく》

巨大《きょだい》な蒸気船《じょうきせん》で乗《の》りつけ、日本《にほん》に開国《かいこく》をせまった。アメリカの他《ほか》にも、オランダ・ロシア・フランスなどの使者《ししゃ》が訪《おとず》れた。

＊勤王派《きんのうは》…尊王攘夷派《そんのうじょういは》のなかでもとくに天皇《てんのう》につかえたいという気《き》もちの強《つよ》い人々《ひとびと》。

幕末事件《ばくまつじけん》リスト

事件《じけん》ばっかりでいそがしかった幕末《ばくまつ》。どんな事件《じけん》があったのかまとめて見《み》てみよう。

1846年《ねん》	2月《がつ》	孝明天皇《こうめいてんのう》(→149ページ)、即位《そくい》。
1852年《ねん》	7月《がつ》	中浜万次郎《なかはままんじろう》(→135ページ)、土佐《とさ》へ帰《かえ》りつく。
1853年《ねん》	6月《がつ》	ペリー(→192ページ)、浦賀《うらが》に来航《らいこう》。
	7月《がつ》	幕府《ばくふ》、開国《かいこく》について人々《ひとびと》に意見《いけん》をきく。
	10月《がつ》	徳川家定《とくがわいえさだ》(→150ページ)、13代将軍《だいしょうぐん》となる。

1854年《ねん》	1月《がつ》	ペリー、再《ふたた》び来航《らいこう》し、開国《かいこく》をせまる。
	3月《がつ》	幕府《ばくふ》は開国《かいこく》を決定《けってい》し、日米和親条約《にちべいわしんじょうやく》（→194ページ）を結《むす》ぶ。
1855年《ねん》	10月《がつ》	安政《あんせい》の大地震《だいじしん》がおこる。藤田東湖《ふじたとうこ》（→197ページ）、母親《ははおや》を助《たす》け出《だ》すが自分《じぶん》は力《ちから》つきて死亡《しぼう》。
1856年《ねん》	11月《がつ》	篤姫《あつひめ》（→112ページ）、徳川家定《とくがわいえさだ》と結婚《けっこん》。
1858年《ねん》	4月《がつ》	井伊直弼《いいなおすけ》（→154ページ）、幕府《ばくふ》大老《たいろう》となる。
	6月《がつ》	日米修好通商条約《にちべいしゅうこうつうしょうじょうやく》（→194ページ）を結《むす》ぶ。
	7月《がつ》	徳川家定《とくがわいえさだ》が亡《な》くなり、徳川家茂《とくがわいえもち》（→144ページ）、14代将軍《だいしょうぐん》となる。
	9月《がつ》	安政《あんせい》の大獄《たいごく》（→156ページ）がはじまる。井伊直弼《いいなおすけ》が中心《ちゅうしん》となり、攘夷派《じょういは》を弾圧《だんあつ》。

1860年《ねん》	1月《がつ》	勝海舟《かつかいしゅう》(↓64ページ)、咸臨丸《かんりんまる》でアメリカへ出航《しゅっこう》。
	3月《がつ》	桜田門外《さくらだもんがい》の変《へん》(↓156ページ)で、井伊直弼《いいなおすけ》が水戸浪士《みとろうし》に暗殺《あんさつ》される。
1862年《ねん》	2月《がつ》	和宮《かずのみや》(↓146ページ)、徳川家茂《とくがわいえもち》に降嫁《こうか》。
1863年《ねん》	2月《がつ》	清河八郎《きよかわはちろう》(↓199ページ)の提案《ていあん》で浪士組《ろうしぐみ》を募集《ぼしゅう》。
	8月《がつ》	文久《ぶんきゅう》の政変《せいへん》(↓93ページ)で、長州藩《ちょうしゅうはん》が京都《きょうと》を追《お》われる。
		近藤勇《こんどういさみ》(↓20ページ)ら壬生浪士《みぶろうし》が「新選組《しんせんぐみ》」(↓18ページ)となる。
1864年《ねん》	6月《がつ》	池田屋事件《いけだやじけん》(↓23ページ)で、新選組《しんせんぐみ》が有名《ゆうめい》になる。
	7月《がつ》	禁門《きんもん》の変《へん》(↓85ページ)で、長州藩《ちょうしゅうはん》が敗《やぶ》れる。
1866年《ねん》	1月《がつ》	薩長同盟《さっちょうどうめい》(↓81ページ)が結《むす》ばれる。
	7月《がつ》	徳川家茂《とくがわいえもち》、大坂《おおさか》で死去《しきょ》。
	8月《がつ》	徳川慶喜《とくがわよしのぶ》(↓140ページ)、15代将軍《だいしょうぐん》となる。
	12月《がつ》	孝明天皇《こうめいてんのう》が亡《な》くなる。
1867年《ねん》	10月《がつ》	大政奉還《たいせいほうかん》(↓143ページ)が実現《じつげん》。
	11月《がつ》	坂本龍馬《さかもとりょうま》(↓48ページ)が近江屋《おうみや》にて暗殺《あんさつ》される。

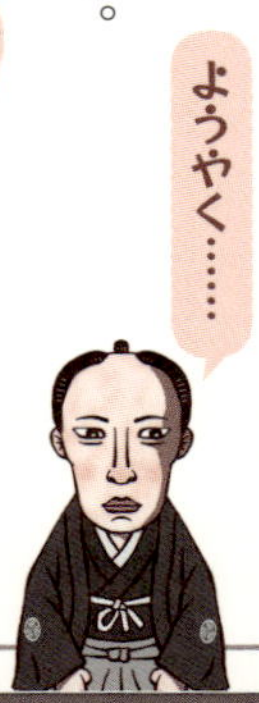

年	月	できごと
	12月《がつ》	王政復古《おうせいふっこ》の大号令《だいごうれい》（↓143ページ）が出《だ》される。
1868年《ねん》	1月《がつ》	鳥羽《とば》・伏見《ふしみ》の戦《たたか》いにより、戊辰戦争《ぼしんせんそう》がはじまる（↓44ページ）。
	4月《がつ》	江戸城無血開城《えどじょうむけつかいじょう》（↓70ページ）。
	9月《がつ》	元号《げんごう》が「明治《めいじ》」に変《か》わる。
1869年《ねん》	5月《がつ》	五稜郭《ごりょうかく》の戦《たたか》い（↓162ページ）を最後《さいご》に、戊辰戦争終結《ぼしんせんそうしゅうけつ》。
	6月《がつ》	版籍奉還《はんせきほうかん》により、土地《とち》と人民《じんみん》が朝廷《ちょうてい》に返《かえ》される。
1871年《ねん》	7月《がつ》	廃藩置県《はいはんちけん》により藩主《はんしゅ》がクビになり、代《か》わりに県知事《けんちじ》や府知事《ふちじ》が配置《はいち》された。
	11月《がつ》	岩倉使節団《いわくらしせつだん》がアメリカ・ヨーロッパ訪問《ほうもん》に出発《しゅっぱつ》。
1873年《ねん》	10月《がつ》	征韓論争《せいかんろんそう》（↓61ページ）に敗《やぶ》れ、西郷隆盛《さいごうたかもり》（↓56ページ）が鹿児島《かごしま》へ帰《かえ》る。
1877年《ねん》	2月《がつ》	西南戦争《せいなんせんそう》（↓62ページ）がおこる。
	9月《がつ》	西郷隆盛《さいごうたかもり》が自害《じがい》、西南戦争終結《せいなんせんそうしゅうけつ》。

幕《ばく》末《まつ》最《さい》強《きょう》の剣《けん》客《かく》集《しゅう》団《だん》
新《しん》選《せん》組《ぐみ》

新選組《しんせんぐみ》とは

新選組《しんせんぐみ》は、もともとは将軍《しょうぐん》を守《まも》るという名目《めいもく》のもと、清河八郎《きよかわはちろう》（↓１９９ページ）が集《あつ》めた*浪士《ろうし》たちで、「浪士組《ろうしぐみ》」とよばれていた。しかし実《じつ》は清河《きよかわ》が浪士組《ろうしぐみ》を幕府《ばくふ》を倒《たお》すために使《つか》おうと計画《けいかく》していたことがわかると、近藤勇《こんどういさみ》（↓20ページ）たち試衛館《しえいかん》（↓22ページ）のメンバーを中心《ちゅうしん》とした20数名《すうめい》は「壬生浪士《みぶろうし》」と名乗《なの》り独立《どくりつ》。京都《きょうと》の警備《けいび》にあたった。壬生浪士《みぶろうし》は京都《きょうと》の尊王攘夷派《そんのうじょういは》（↓10ページ）を討《う》ち続《つづ》け、その働《はたら》きが松平容保《まつだいらかたもり》（↓１６８ページ）に認《みと》められて「新選組《しんせんぐみ》」の名《な》をさずけられた。

それからの新選組《しんせんぐみ》は佐幕派《さばくは》の*脱藩浪士《だっぱんろうし》のうけ皿《ざら》として大人気《だいにんき》で入隊希望者《にゅうたいきぼうしゃ》があとを絶《た》たず、隊士数《たいしすう》が２００人以上《にんいじょう》にのぼることもあった。

新選組《しんせんぐみ》は、隊士《たいし》が増《ふ》えるにつれて何度《なんど》か組織《そしき》の構成《こうせい》が変《か》わったのだが、ここでは一般的《いっぱんてき》な組織図《そしきず》を紹介《しょうかい》しよう。このとき、隊士《たいし》は130名《めい》あまりだった。

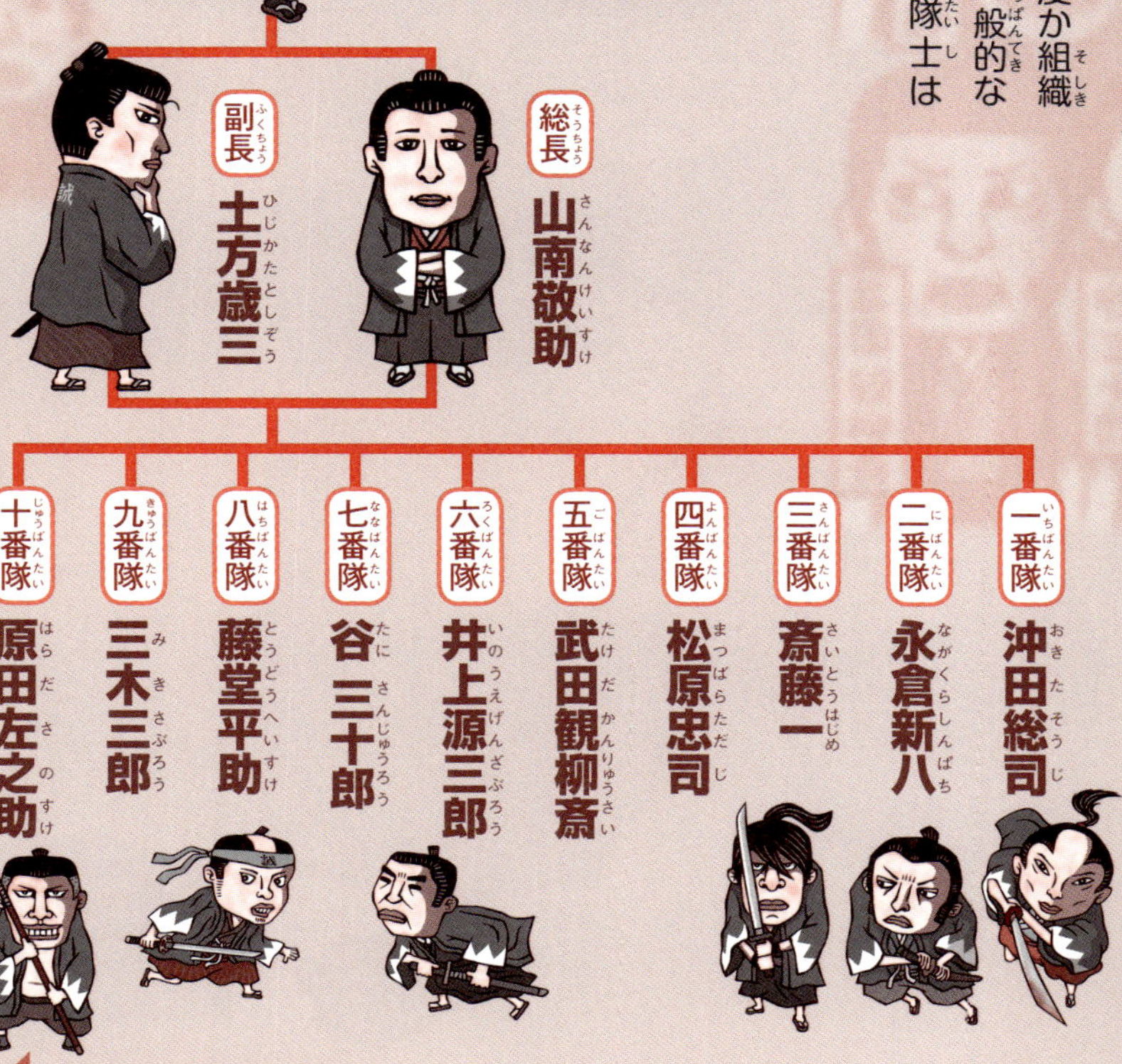

＊浪士《ろうし》…主《あるじ》をもたない武士《ぶし》のこと。

＊脱藩《だっぱん》…藩《はん》から脱走《だっそう》すること。

次《つぎ》のページから

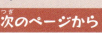

1

「誠《まこと》」の一字《いちじ》を背負《せお》った局長《きょくちょう》

近藤勇（こんどう いさみ）

生没年《せいぼつねん》

1834〜1868年《ねん》
（享年《きょうねん》35歳《さい》）

出身地《しゅっしんち》

武蔵国《むさしのくに》多《た》摩郡《まごおり》
上石原村《かみいしはらむら》

身分《みぶん》

新選組局長《しんせんぐみきょくちょう》

家紋《かもん》

人物《じんぶつ》データ

体力《たいりょく》

知力《ちりょく》

忠義心《ちゅうぎしん》

ユーモア

モテ度《ど》

どこまでも幕府《ばくふ》に身《み》をささげた彼《かれ》は忠義心《ちゅうぎしん》5。顔《かお》がゴツいわりに女《じょ》性《せい》によくモテた。

特技《とくぎ》
剣術《けんじゅつ》（天然理心流《てんねんりしんりゅう》）

武器《ぶき》
虎徹《こてつ》（日本刀《にほんとう》）

思想《しそう》
佐幕《さばく》（心《こころ》のなかでは攘夷《じょうい》という説《せつ》も）

死《し》に様《ざま》
斬首《ざんしゅ》・さらし首《くび》

農民《のうみん》から武士《ぶし》に成《な》りあがった信念《しんねん》の人《ひと》

新選組《しんせんぐみ》、といえばまずこの男《おとこ》、新選組《しんせんぐみ》の代《だい》名詞《めいし》とでも言《い》うべき近藤勇《こんどういさみ》だ。幕末最強《ばくまつさいきょう》の剣《けん》*客集団《かくしゅうだん》の局長《きょくちょう》である。

彼《かれ》は武蔵国多摩郡上石原村《むさしのくにたまごおりかみいしはらむら》（東京都調布市《とうきょうとちょうふし》）に生《う》まれた農民《のうみん》だった。しかし、幕府《ばくふ》が行《おこな》った浪士組《ろうしぐみ》の募集《ぼしゅう》に、試衛館《しえいかん》（→22ページ）のメンバー土方歳三《ひじかたとしぞう》（→24ページ）・沖田総司《おきたそうじ》（→28ページ）らをひきいて立候補《りっこうほ》。のちに芹沢鴨《せりざわかも》（→32ページ）らと新選組《しんせんぐみ》を結成《けっせい》、会津藩《あいづはん》に認《みと》められ本物《ほんもの》の武士《ぶし》となる。新選組《しんせんぐみ》は池田屋事件《いけだやじけん》（→23ページ）など歴史《れきし》に残《のこ》る襲撃《しゅうげき》を行《おこな》い、京都《きょうと》の治安維持《ちあんいじ》をになった。

農民出身《のうみんしゅっしん》でありながら念願《ねんがん》の武士《ぶし》となり、幕府《ばくふ》のために熱《あつ》く生《い》きた近藤《こんどう》。夢《ゆめ》にむかって一直線《いっちょくせん》。彼《かれ》の不器用《ぶきよう》なほどにまっすぐな生《い》き方《かた》は、その顔《かお》つきにもあらわれているようだ。

*剣客《けんかく》…剣術《けんじゅつ》に優《すぐ》れた人《ひと》。

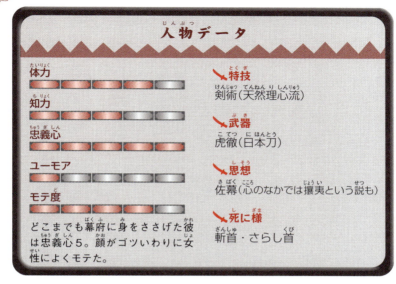

もっと知《し》りたい!

近藤勇《こんどういさみ》ってどんな人《ひと》?

ガキ大将《だいしょう》から試衛館《しえいかん》の主《あるじ》に

近藤《こんどう》は地元《じもと》で有名《ゆうめい》なわんぱく坊主《ぼうず》。年上《としうえ》の者《もの》とケンカをして相手《あいて》を泣《な》かせるほど。また、道《みち》に面《めん》して生《は》えている高《たか》い木《き》にのぼり、通行人《つうこうにん》におしっこをかけたとも伝《つた》えられている。

いたずら小僧《こぞう》の近藤《こんどう》が、剣術《けんじゅつ》・天然理心流《てんねんりしんりゅう》の道場《どうじょう》「試衛館《しえいかん》」に入門《にゅうもん》したのは15歳《さい》のとき。めきめきと才能《さいのう》をのばし、翌年《よくとし》には道場主《どうじょうぬし》・近藤周助《こんどうしゅうすけ》の養子《ようし》となり、のちに試衛館《しえいかん》のあとを継《つ》ぎ、天然理心流《てんねんりしんりゅう》の4代目《だいめ》についたのだった。

京都《きょうと》の治安《ちあん》を守《まも》る新選組《しんせんぐみ》

1863年《ねん》、幕府《ばくふ》が浪士《ろうし》(主《あるじ》をもたない武士《ぶし》)を募集《ぼしゅう》した。目的《もくてき》は将軍徳川家茂《しょうぐんとくがわいえもち》の警護《けいご》だった。近藤《こんどう》は試衛館《しえいかん》のメンバーとともにこれに参加《さんか》。清河八郎《きよかわはちろう》(↓199ページ)の裏切《うらぎ》りにより、集《あつ》まった浪士《ろうし》たちが江戸《えど》にひき返《かえ》すなか、近藤《こんどう》は芹沢鴨《せりざわかも》(↓32ページ)らと「新選組《しんせんぐみ》」を結成《けっせい》。佐幕派《さばくは》の特別警察隊《とくべつけいさつたい》として活躍《かつやく》し、近藤《こんどう》は局長《きょくちょう》として指揮《しき》をとった。

けいこ着《ぎ》の背中《せなか》に大《おお》きなドクロマーク。妻《つま》つねがししゅうしたものだそうだ。

池田屋事件《いけだやじけん》

新選組《しんせんぐみ》の名《な》を知《し》らしめることとなったのは1864年《ねん》の「池田屋事件《いけだやじけん》」だ。尊王攘夷派《そんのうじょういは》は文久《ぶんきゅう》の政変《せいへん》(→93ページ)で失墜《しっつい》した勢力《せいりょく》の回復《かいふく》をねらい、京都《きょうと》・三条《さんじょう》の池田屋《いけだや》という宿《やど》に集《あつ》まっていた。京都御所《きょうとごしょ》に放火《ほうか》し、松平容保《まつだいらかたもり》(→168ページ)らを暗殺《あんさつ》する計画《けいかく》をたてていたのだ。

計画《けいかく》を知《し》った新選組《しんせんぐみ》はただちに出動《しゅつどう》、20人《にん》ほどの志士《しし》が集《あつ》まる池田屋《いけだや》に乱入《らんにゅう》し、2時間《じかん》に渡《わた》る激《はげ》しい戦闘《せんとう》がくり広《ひろ》げられた。尊王攘夷派《そんのうじょういは》の宮部鼎蔵《みやべていぞう》など主要《しゅよう》メンバーを討《う》ち、残《のこ》りの者《もの》を捕《とら》えることに成功《せいこう》した。新選組《しんせんぐみ》の活躍《かつやく》で、京都《きょうと》の平和《へいわ》は守《まも》られた。

近代兵器《きんだいへいき》の前《まえ》に敗《やぶ》れ去《さ》る

新政府軍《しんせいふぐん》(倒幕派《とうばくは》)と旧幕府軍《きゅうばくふぐん》(佐幕派《さばくは》)が激突《げきとつ》した、1868年《ねん》の「鳥羽《とば》・伏見《ふしみ》の戦《たたか》い」(→44ページ)に、新選組《しんせんぐみ》は旧幕府軍《きゅうばくふぐん》として戦《たたか》いに参加《さんか》した。新政府軍《しんせいふぐん》は鉄砲《てっぽう》などの近代兵器《きんだいへいき》で旧幕府軍《きゅうばくふぐん》を攻撃《こうげき》した。剣術《けんじゅつ》の天才《てんさい》たちがそろった新選組《しんせんぐみ》だったが、これには勝《か》つことができなかった。

のちに近藤《こんどう》は捕《とら》えられ、斬首刑《ざんしゅけい》となる。農民出身《のうみんしゅっしん》だったため、武士《ぶし》として切腹《せっぷく》することも許《ゆる》されなかったのだ。彼《かれ》の首《くび》は京都《きょうと》の三条《さんじょう》河原《がわら》で3日間《かかん》さらされたのだった。

2

土方歳三（ひじかた　としぞう）

武《ぶ》士《し》道《どう》に生《い》き夢《ゆめ》を追《お》う、鬼《おに》のイケメン副長《ふくちょう》

生没年《せいぼつねん》

1835～1869年《ねん》
(享年《きょうねん》35歳《さい》)

出身地《しゅっしんち》

武蔵国《むさしのくに》
多摩郡《たまごおり》石田村《いしだむら》

身分《みぶん》

新選組副長《しんせんぐみふくちょう》

家紋《かもん》

人物《じんぶつ》データ

体力《たいりょく》

知力《ちりょく》

忠義心《ちゅうぎしん》

ユーモア

モテ度《ど》

「鬼《おに》」とよばれる一方《いっぽう》で、俳号《はいごう》「豊《ほう》玉《ぎょく》」の名《な》で数々《かずかず》の俳句《はいく》を詠《よ》んだ土方《ひじかた》。知力《ちりょく》も高《たか》い。

特技《とくぎ》

剣術《けんじゅつ》（天然理心流《てんねんりしんりゅう》）

武器《ぶき》

和泉守兼定《いずみのかみかねさだ》（日本刀《にほんとう》）

思想《しそう》

佐幕《さばく》

死《し》に様《ざま》

銃《じゅう》で撃《う》たれる

夢《ゆめ》は武士《ぶし》！　生《い》き方《かた》を貫《つらぬ》いた鬼《おに》の副長《ふくちょう》

新選組《しんせんぐみ》ナンバーワンのイケメン、土方歳三《ひじかたとしぞう》。農民出身《のうみんしゅっしん》だが武士《ぶし》を目指《めざ》し、武士道《ぶしどう》を生《い》きぬいたラスト・サムライだ。

武士《ぶし》になるという夢《ゆめ》をいだき、試衛館《しえいかん》（↓22ページ）で剣術《けんじゅつ》を学《まな》び、近藤勇《こんどういさみ》（↓20ページ）と出会《であ》う。農民出身《のうみんしゅっしん》で年《とし》もひとつしか違《ちが》わない彼《かれ》らは意気投合《いきとうごう》し、義兄弟《ぎきょうだい》のちぎりを結《むす》んだ。

土方《ひじかた》も近藤《こんどう》とともに幕府《ばくふ》の浪士組《ろうしぐみ》に参加《さんか》し、その後《ご》新選組《しんせんぐみ》として活躍《かつやく》。厳《きび》しい規律《きりつ》で隊士《たいし》を管理《かんり》し、鬼《おに》の副長《ふくちょう》とよばれた。旧幕府軍《きゅうばくふぐん》の負《ま》けが決定《けってい》したような状態《じょうたい》でも、佐幕派《さばくは》として戦《たたか》い続《つづ》けた土方《ひじかた》。その姿《すがた》は、勝《か》つための戦《たたか》いではなく、武士《ぶし》としての死《し》に場所《ばしょ》を探《さが》していたようにも見《み》えたという。そうして幕末《ばくまつ》の美《うつく》しきサムライは多《おお》くのエピソードを残《のこ》して、蝦夷《えぞ》（北海道《ほっかいどう》）の地《ち》に散《ち》ったのだった。

もっと知《し》りたい!

土方歳三《ひじかたとしぞう》ってどんな人《ひと》?

呉服屋時代《ごふくやじだい》を経《へ》て試衛館《しえいかん》へ

多摩郡石田村《たまごおりいしだむら》の農家《のうか》の四男《よんなん》に生《う》まれた土方《ひじかた》は、江戸《えど》の呉服屋《ごふくや》に働《はたら》きに出《だ》された。土方《ひじかた》は呉服屋《ごふくや》で番頭《ばんとう》とケンカをして店《みせ》を飛《と》び出《だ》したり、別《べつ》の店《みせ》では働《はたら》いていた女性《じょせい》と恋人関係《こいびとかんけい》になって店《みせ》を追《お》い出《だ》されたり……と問題児《もんだいじ》だった。

もともと商人《しょうにん》になど興味《きょうみ》がなかった土方《ひじかた》。武士《ぶし》になるという大《おお》きな夢《ゆめ》をいだいて武者修業《むしゃしゅぎょう》に出《で》た。その後《ご》、試衛館《しえいかん》で剣術《けんじゅつ》をみがき、近藤《こんどう》と運命《うんめい》の出会《であ》いをも果《は》たしたのだった。

ケガには石田散薬《いしださんやく》をどうぞ

新選組《しんせんぐみ》のメンバーがつねに持《も》ち歩《ある》いていた「石田散薬《いしださんやく》」という薬《くすり》は、土方《ひじかた》の実家《じっか》で製造販売《せいぞうはんばい》を行《おこな》っていた打《う》ち身用《みよう》の薬《くすり》だ。材料《ざいりょう》は多摩川《たまがわ》の河原《かわら》でつんだ牛革草《ぎゅうかくそう》(ミゾソバ)で、つくり方《かた》は秘伝《ひでん》。飲《の》み薬《ぐすり》で、温《あたた》めた酒《さけ》と一緒《いっしょ》に飲《の》まないと効《き》き目《め》はないそうだ。この石田散薬《いしださんやく》、のちの*日清《にっしん》・日露戦争《にちろせんそう》でも用《もち》いられたとか。手《て》に入《はい》るならば効《き》き目《め》をためしてみたい?

色白《いろじろ》、なで肩《がた》、少《すこ》し猫背《ねこぜ》、身長《しんちょう》5尺《しゃく》5寸《すん》(167cm)ほど。

蝦夷《えぞ》の地《ち》に散《ち》ったサムライの魂《たましい》

戊辰戦争《ぼしんせんそう》（↓44ページ）がはじまり、土方《ひじかた》も新政府軍《しんせいふぐん》（倒幕派《とうばくは》）と戦《たたか》うが敗北《はいぼく》ばかり。仲間《なかま》たちも次々《つぎつぎ》と戦死《せんし》し、新選組《しんせんぐみ》のメンバーは散《ち》り散《ぢ》りバラバラに。それでも土方《ひじかた》は、戦《たたか》う地《ち》があればどこでも戦《たたか》う覚悟《かくご》で北《きた》へ北《きた》へと進《すす》みながら戦《たたか》いを続《つづ》けた。

そのころ彼《かれ》は「万《まん》が一《いち》生《い》きのびてしまったら、盟友近藤《めいゆうこんどう》にあわせる顔《かお》がない」と語《かた》っていたというから、武士《ぶし》として潔《いさぎよ》く堂々《どうどう》と死《し》ぬために戦《たたか》っていたのかもしれない。

蝦夷《えぞ》の地《ち》で旧幕府軍《きゅうばくふぐん》と合流《ごうりゅう》した土方《ひじかた》は、新《しん》選組残党《せんぐみざんとう》とともに新政府軍《しんせいふぐん》と戦《たたか》う。「退《しりぞ》くものは斬《き》る！」と、馬上《ばじょう》で指揮《しき》をとりながら戦《たたか》ったが、腹部《ふくぶ》に銃弾《じゅうだん》をうけ落馬《らくば》。部下《ぶか》に抱《だ》き起《お》こされたときには、もう息《いき》がなかったという。

モテ男《おとこ》はラブレターもどっさり

残《のこ》されている写真《しゃしん》を見《み》てもわかるが、土方《ひじかた》はかなりのイケメン。女性《じょせい》たちに人気《にんき》がありモテモテ、町娘《まちむすめ》などからたくさんの恋文《こいぶみ》を送《おく》られたという。もらったラブレターをまとめた束《たば》をみんなに見《み》せて自慢《じまん》したというから、鬼《おに》の副長《ふくちょう》もモテるとうれしかったようだ。

※日清戦争《にっしんせんそう》…日本《にほん》と清《しん》（中国《ちゅうごく》）との戦争《せんそう》（1894〜1895年《ねん》）
※日露戦争《にちろせんそう》…日本《にほん》とロシアとの戦争《せんそう》（1904〜1905年《ねん》）

3

沖田総司（おきた　そうじ）

神《かみ》に愛《あい》され天《てん》に召《め》された天才剣士《てんさいけんし》

生没年《せいぼつねん》

1842〜1868年《ねん》
(享年《きょうねん》27歳《さい》)

出身地《しゅっしんち》

白河藩《しらかわはん》
江戸下屋敷《えどしもやしき》

身分《みぶん》

新選組《しんせんぐみ》
一番隊組長《いちばんたいくみちょう》

家紋《かもん》

人物《じんぶつ》データ

体力《たいりょく》 ■□□□□

知力《ちりょく》 ■■■□□

忠義心《ちゅうぎしん》 ■■■■□

ユーモア ■■■■■

モテ度《ど》 ■■■■■

いつもまわりを笑《わら》わせていたという意外《いがい》な面《めん》をもつ。よってユーモア度《ど》は5。

特技《とくぎ》
剣術《けんじゅつ》(天然理心流《てんねんりしんりゅう》)

武器《ぶき》
日本刀《にほんとう》

思想《しそう》
佐幕《さばく》

死に様《しにざま》
肺結核《はいけっかく》にて病死《びょうし》

才能《さいのう》を花咲《はなさ》かせるも、病《やまい》に倒《たお》れた人生《じんせい》

天才剣士《てんさいけんし》、沖田総司《おきたそうじ》。彼《かれ》は白河藩士《しらかわはんし》の家《いえ》に生《う》まれ、幼《おさな》いころに天然理心流《てんねんりしんりゅう》の道場《どうじょう》・試衛館《しえいかん》に預《あず》けられていた。ここで修業《しゅぎょう》を積《つ》み、剣《けん》の才能《さいのう》を花咲《はなさ》かせた。その腕前《うでまえ》は、本気《ほんき》で戦《たたか》えば、剣《けん》の先生《せんせい》である近藤勇《こんどういさみ》(→20ページ)を倒《たお》すであろうといわれたほど。

優《すぐ》れた剣術《けんじゅつ》をもって、沖田《おきた》は近藤《こんどう》とともに浪士組《ろうしぐみ》に参加《さんか》。新選組《しんせんぐみ》のメンバーとなり、一《いち》番隊組長《ばんたいくみちょう》としてあらゆる戦《たたか》いの場《ば》で剣《けん》の腕《うで》を見《み》せつけ「新選組《しんせんぐみ》の沖田《おきた》」の名《な》を知《し》らしめた。

しかし、池田屋事件《いけだやじけん》(→23ページ)のとき、血《ち》をはいて倒《たお》れてしまう。彼《かれ》は病魔《びょうま》におかされていたのだ。肺結核《はいけっかく》だった。養生《ようじょう》むなしく、27歳《さい》の若《わか》さで病死《びょうし》。「神《かみ》に愛《あい》された人《ひと》(天才《てんさい》)は夭折《ようせつ》(早死《はやじ》に)する」という言葉《ことば》があるが、沖田《おきた》の生涯《しょうがい》はまさにその通《とお》りだった。

もっと知《し》りたい！

沖田総司《おきたそうじ》ってどんな人《ひと》？

二十歳《はたち》で試衛館塾頭《しえいかんじゅくとう》に

沖田《おきた》は子《こ》どものころに両親《りょうしん》を亡《な》くし、姉《あね》の手《て》で育《そだ》てられている。試衛館《しえいかん》に預《あず》けられたのは9歳《さい》のときで、そこで近藤勇《こんどういさみ》（→20ページ）や土方歳三《ひじかたとしぞう》（→24ページ）と出会《であ》うことになる。近藤《こんどう》に剣術《けんじゅつ》の指導《しどう》をうけ、二十歳《はたち》で試衛館塾頭《しえいかんじゅくとう》（指導者《しどうしゃ》）に任命《にんめい》された。

試衛館《しえいかん》の出《で》げいこ（先方《せんぽう》に行《い》ってけいこをつけること）には近藤《こんどう》が出《で》むいたが、沖田《おきた》も出《で》かけることがあった。沖田《おきた》は短気《たんき》なところがあり、教《おし》え方《かた》が乱暴《らんぼう》だったらしく、生徒《せいと》たちを怖《こわ》がらせることもあったという。

病弱《びょうじゃく》？　麻疹《はしか》にもかかっていた

沖田《おきた》の最期《さいご》は肺結核《はいけっかく》による病死《びょうし》だったが、他《ほか》にも病気《びょうき》で寝《ね》こんだことがあった。出《で》げいこのときに麻疹《はしか》をうつされたのだ。かなりひどい症状《しょうじょう》で命《いのち》の心配《しんぱい》にもおよんだようだが、このときは無事回復《ぶじかいふく》した。

長身《ちょうしん》、肌《はだ》は浅黒《あさぐろ》く、眼《め》が細《ほそ》い。ヒラメに似《に》た顔《かお》だったとか。

天才剣士《てんさいけんし》の得意技《とくいわざ》・三段突《さんだんづ》き

沖田《おきた》は一瞬《いっしゅん》にして刀《かたな》で3回《かい》敵《てき》を突《つ》くという「三段突《さんだんづ》き」を得意《とくい》とした。まず勢《いきお》いよく突《つ》き、敵《てき》にささってもささらなくても、そのまま素早《すばや》く刀《かたな》を一度《いちど》手前《てまえ》にひき、再《ふたた》び突《つ》く。これをくり返《かえ》すのだが、沖田《おきた》の場合《ばあい》は一度《いちど》突《つ》いているだけのようにしか見《み》えない早技《はやわざ》だった。

ちなみに、構《かま》え方《かた》は左《ひだり》の肩《かた》をひいて右《みぎ》の足《あし》は少《すこ》し前《まえ》へ、剣《けん》の先《さき》は右寄《みぎよ》り。これが天然理《てんねんり》心流《しんりゅう》の定《さだ》める「平晴眼《ひらせいがん》」という構《かま》え方《かた》だ。沖田《おきた》は前《まえ》のめり気味《ぎみ》に立《た》ち、刀《かたな》は平《たい》らに寝《ね》かせて構《かま》え、剣《けん》の先《さき》は目《め》立《だ》つほど外側《そとがわ》へむけていたという。かけ声《ごえ》は細《ほそ》く、かん高《だか》かったとか。

沖田《おきた》の最期《さいご》にあらわれた黒猫《くろねこ》

沖田《おきた》は死《し》ぬ前《まえ》は寝《ね》たきりで過《す》ごしたが、死《し》ぬ3日《か》前《まえ》に不思議《ふしぎ》なほど回復《かいふく》した。刀《かたな》を持《も》って外《そと》に出《で》ると、そこには黒猫《くろねこ》が。沖田《おきた》は猫《ねこ》を斬《き》ろうとしたが、なぜか斬《き》ることができなかった。翌日《よくじつ》も猫《ねこ》はあらわれたが、また斬《き》れなかった。そして斬《き》れないままその場《ば》に倒《たお》れ、沖田《おきた》は夕方《ゆうがた》に息《いき》をひき取《と》った。最後《さいご》の言葉《ことば》は「あの黒《くろ》い猫《ねこ》は来《き》てるだろうなあ」だったといわれている。

4

鉄扇《てっせん》がトレードマークの乱暴《らんぼう》な局長《きょくちょう》

芹沢鴨（せりざわ　かも）

生没年《せいぼつねん》

1827？～1863年《ねん》
（享年《きょうねん》37歳《さい》？）

出身地《しゅっしんち》

常陸国水戸《ひたちのくにみと》

身分《みぶん》

新選組《しんせんぐみ》
初代筆頭局長《しょだいひっとうきょくちょう》

家紋《かもん》

新選組《しんせんぐみ》結成《けっせい》のきっかけとなった乱暴者《らんぼうもの》

乱暴者《らんぼうもの》として知《し》られる芹沢鴨《せりざわかも》。彼《かれ》は新選組《しんせんぐみ》結成《けっせい》のきっかけとなった功労者《こうろうしゃ》だ。また神道《しんとう》無念流《むねんりゅう》の免許皆伝《めんきょかいでん》で、剣《けん》の腕《うで》も一流《いちりゅう》。

彼《かれ》は水戸藩《みとはん》の武士《ぶし》たちが結成《けっせい》した過激派《かげきは》団体《だんたい》「天狗党《てんぐとう》」に参加《さんか》し、そこでの悪行《あくぎょう》が原因《げんいん》で投獄《とうごく》されていた。出獄後《しゅつごくご》、試衛館《しえいかん》のメンバーと知《し》りあい、近藤勇《こんどういさみ》（↓20ページ）らとともに新選組《しんせんぐみ》を結成《けっせい》したのである。話術《わじゅつ》に長《た》けた頼《たよ》りになる存在《そんざい》だったが、気《き》に入《い》らない者《もの》は愛用《あいよう》の鉄扇《てっせん》（鉄《てつ》でできた扇《おうぎ》）でたたきまくったというので、近《ちか》づくときには要注意《ようちゅうい》かも。

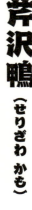

人物《じんぶつ》データ

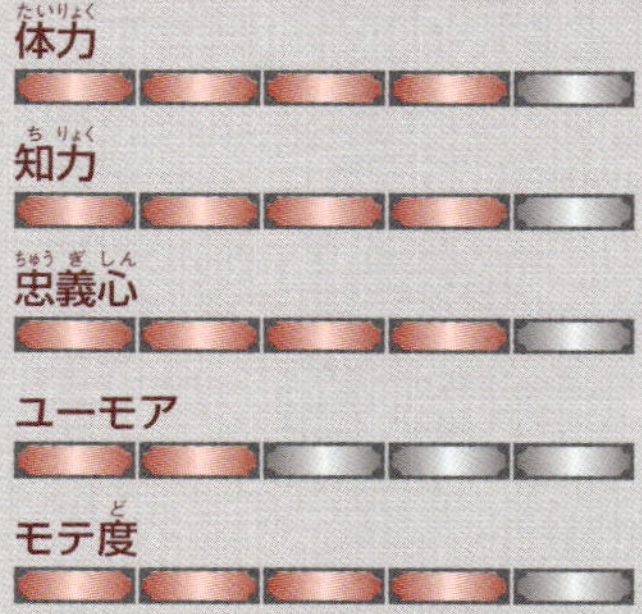

お梅《うめ》という愛人《あいじん》がいて、とても愛《あい》されていた。酒《さけ》びたりだったが、体力《たいりょく》はたっぷり！

特技《とくぎ》
剣術《けんじゅつ》（神道無念流《しんとうむねんりゅう》）

武器《ぶき》
日本刀《にほんとう》・鉄扇《てっせん》

思想《しそう》
佐幕《さばく》

死《し》に様《ざま》
暗殺《あんさつ》

もっと知《し》りたい！

マイ鉄扇《てっせん》は名前入《なまえい》り！

芹沢《せりざわ》は背《せ》が高《たか》く、からだつきはでっぷり。はだは白《しろ》く、目《め》は小《ちい》さい。歩《ある》くときは両手《りょうて》を内《うち》ふところに入《い》れていたという。ひょっとして、そこにはトレードマークの鉄扇《てっせん》が？

この鉄扇《てっせん》の重《おも》さは３００匁《もんめ》*（約《やく》１キログラム）で「尽忠報国《じんちゅうほうこく》の士《し》（国《くに》のために忠義《ちゅうぎ》をつくす侍《さむらい》）芹沢鴨《せりざわかも》」と彫《ほ》られていた。凶器《きょうき》のようなマイ鉄扇《てっせん》で、まわりの者《もの》をボッコボコになぐったのだ。

仲間《なかま》に斬《き》られた哀《あわ》れな最期《さいご》

芹沢《せりざわ》の行動《こうどう》には問題《もんだい》が多《おお》かった。町《まち》で暴《あば》れる、無礼《ぶれい》だと言《い》っては人《ひと》を斬《き》る、借金《しゃっきん》を返《かえ》さない……。市中《しちゅう》の警護《けいご》が仕事《しごと》なのに、悪事《あくじ》ばかり行《おこな》っていたのだ。業《ごう》を煮《に》やした土方歳三《ひじかたとしぞう》（↓24ページ）、沖田総司《おきたそうじ》（↓28ページ）らによって、愛人《あいじん》のお梅《うめ》とともに暗殺《あんさつ》されたのだった。

※匁《もんめ》…重《おも》さの単位《たんい》。

5

武家出身《ぶけしゅっしん》、文武両道《ぶんぶりょうどう》のナイスガイ

山南敬助（さんなん けいすけ）

生没年《せいぼつねん》
1833〜1865年《ねん》
(享年《きょうねん》33歳《さい》)

出身地《しゅっしんち》
陸奥国仙台《むつのくにせんだい》

身分《みぶん》
新選組総長《しんせんぐみそうちょう》

家紋《かもん》

近藤《こんどう》らと対立《たいりつ》し、切腹《せっぷく》の道《みち》を選《えら》ぶ

仙台出身《せんだいしゅっしん》の*浪人《ろうにん》だった山南《さんなん》。北辰一刀流《ほくしんいっとうりゅう》を身《み》につけていたが、近藤勇《こんどういさみ》(↓20ページ)に敗《やぶ》れ、天然理心流《てんねんりしんりゅう》を学《まな》ぶようになった。近藤《こんどう》らとともに浪士組《ろうしぐみ》に参加《さんか》し、新選組《しんせんぐみ》の副長《ふくちょう》から総長《そうちょう》に出世《しゅっせ》、新選組《しんせんぐみ》のナンバー2に。

のちに近藤《こんどう》らと考《かんが》えが異《こと》なり、脱走《だっそう》。しかしすぐに捕《とら》えられ、隊《たい》のきまり(↓41ページ)にしたがい切腹《せっぷく》となった。彼《かれ》は武士《ぶし》らしく静《しず》かに切腹《せっぷく》を受《う》け入《い》れ、仲《なか》のよかった沖田総司《おきたそうじ》(↓28ページ)を*介錯人《かいしゃくにん》に指名《しめい》した。どちらも想像《そうぞう》を絶《ぜっ》する苦《くる》しさだったろう。

*浪人《ろうにん》…藩《はん》や国《くに》をはなれて流浪《るろう》している人《ひと》。武士《ぶし》とは限《かぎ》らない。
*介錯《かいしゃく》…即死《そくし》できない状態《じょうたい》のとき、首《くび》を切《き》って、死《し》を助《たす》けること。

恋人《こいびと》との涙《なみだ》の別《わか》れ

山南《さんなん》には明里《あけさと》という恋人《こいびと》がいた。切腹《せっぷく》の知《し》らせをうけてかけつけた明里《あけさと》は、部屋《へや》の格子《こうし》にすがりつき「山南《さんなん》さん」とさけび続《つづ》け、山南《さんなん》は彼女《かのじょ》に小声《こごえ》でなにかを話《はな》した。恋人《こいびと》たちの別《わか》れの場面《ばめん》に、見《み》ている者《もの》は涙《なみだ》したという。

6

スパイもこなす、無敵《むてき》の剣士《けんし》
斎藤一（さいとう　はじめ）

生没年《せいぼつねん》
1844～1915年《ねん》
（享年《きょうねん》72歳《さい》）

出身地《しゅっしんち》
播磨国明石《はりまのくにあかし》

身分《みぶん》
新選組《しんせんぐみ》
三番隊組長《さんばんたいくみちょう》

家紋《かもん》

近藤《こんどう》と再会《さいかい》し新選組《しんせんぐみ》で活躍《かつやく》する

斎藤一《さいとうはじめ》は無外流《むがいりゅう》の剣術《けんじゅつ》を極《きわ》めた男《おとこ》。試衛館《しえいかん》に出入《でい》りして、近藤勇《こんどういさみ》（↓20ページ）と交流《こうりゅう》をもった。しかし斎藤《さいとう》は19歳《さい》のときに誤《あやま》って人《ひと》を斬《き》り、京都《きょうと》へ逃亡《とうぼう》。ふつうに考《かんが》えたら、そこで試衛館《しえいかん》や近藤《こんどう》ともそれっきりなのだが……。なんと、浪士組《ろうしぐみ》として近藤《こんどう》らが京都《きょうと》にやって来《き》たのだ！　斎藤《さいとう》は新選組《しんせんぐみ》の副長助勤《ふくちょうじょきん》*、三番《さんばん》隊組長《たいくみちょう》、剣術師範《けんじゅつしはん》、と幹部《かんぶ》になっていく。剣《けん》の腕《うで》は沖田総司《おきたそうじ》（↓28ページ）や永倉新八《ながくらしんぱち》（↓36ページ）が有名《ゆうめい》だが、斎藤《さいとう》の腕《うで》も隊中屈《たいちゅうくっ》指《し》、さまざまな戦《たたか》いでその実力《じつりょく》を発揮《はっき》した。

*助勤《じょきん》…局長《きょくちょう》・副長《ふくちょう》に次《つ》ぐ三番目《さんばんめ》の位《くらい》。局長《きょくちょう》や副長《ふくちょう》の補佐《ほさ》。

スパイもこなす多才《たさい》ぶり

斎藤《さいとう》が優《すぐ》れていたのは剣術《けんじゅつ》だけではなかった。新選組《しんせんぐみ》と意見《いけん》が対立《たいりつ》して離《り》脱《だつ》した伊東甲子太郎《いとうかしたろう》により結成《けっせい》された「御陵衛士《ごりょうえじ》」（↓37ページ）にスパイとして潜《もぐ》りこんだ。斎藤《さいとう》は御陵衛士《ごりょうえじ》の一員《いちいん》として内部《ないぶ》の情報《じょうほう》を得《え》、新選組《しんせんぐみ》に知《し》らせていたのだった。

7

永倉新八《ながくらしんぱち》（ながくら　しんぱち）

明治《めいじ》時代《じだい》に生《い》き残《のこ》った新選組《しんせんぐみ》斬《き》りこみ隊長《たいちょう》

生没年《せいぼつねん》

1839〜1915年《ねん》

（享年《きょうねん》77歳《さい》）

出身地《しゅっしんち》

松前藩江戸屋敷《まつまえはんえどやしき》

身分《みぶん》

新選組《しんせんぐみ》

二番隊組長《にばんたいくみちょう》

家紋《かもん》

剣術《けんじゅつ》を愛《あい》し、新選組《しんせんぐみ》を愛《あい》した人生《じんせい》

剣《けん》の腕《うで》は隊中《たいちゅう》で一《いち》、二《に》を争《あらそ》ったという永倉《ながくら》新八《しんぱち》。神道無念流《しんとうむねんりゅう》を身《み》につけた、松前藩出身《まつまえはんしゅっしん》の男《おとこ》だ。彼《かれ》が松前藩《まつまえはん》を脱藩《だっぱん》した理由《りゆう》が「道場破《どうじょうやぶ》りして腕《うで》をためしたいから」らしい。やがて試《し》衛館《えいかん》にもたどり着《つ》き、新選組《しんせんぐみ》の中核的存在《ちゅうかくてきそんざい》に。

数々《かずかず》の戦場《せんじょう》で剣《けん》をふるった永倉《ながくら》は、明治維《めいじい》新後《しんご》も生《い》きのびた。そして隊士《たいし》らの墓《はか》をたてたり、体験談《たいけんだん》を本《ほん》にまとめたりするなど多《おお》くの功績《こうせき》を残《のこ》した。77歳《さい》まで生《い》きた永倉《ながくら》。時代《じだい》が変《か》わっても彼《かれ》は新選組《しんせんぐみ》のメンバーとして最《さい》後《ご》まで戦《たたか》い続《つづ》けていたのかもしれない。

気合《きあい》の一喝《いっかつ》!!

永倉《ながくら》が老人《ろうじん》になってからのエピソードがある。孫《まご》と映画《えいが》を見《み》にいった帰《かえ》り道《みち》、ヤクザのような男《おとこ》にいちゃもんをつけられた。永倉《ながくら》はこのとき、相手《あいて》をどなりつけて撃退《げきたい》してしまったのだ。若造《わかぞう》、新選組《しんせんぐみ》をなめんなよ！　といったところだろう。

8

学識《がくしき》ある新選組最年少《しんせんぐみさいねんしょう》のもと幹部《かんぶ》
藤堂平助（とうどう　へいすけ）

「御陵衛士《ごりょうえじ》」を結成《けっせい》！

藤堂《とうどう》はのちに新選組《しんせんぐみ》を脱退《だったい》して、伊《い》東甲子太郎《とうかしたろう》らとともに「御陵衛士《ごりょうえじ》」という組織《そしき》をつくった。そして新選組《しんせんぐみ》と対《たい》戦《せん》し、戦死《せんし》したのだった。

生没年《せいぼつねん》
1844～1867年《ねん》
（享年《きょうねん》24歳《さい》）

出身地《しゅっしんち》
武蔵国江戸《むさしのくにえど》
（伊勢津藩説《いせつはんせつ》あり）

身分《みぶん》
新選組《しんせんぐみ》
八番隊組長《はちばんたいくみちょう》

家紋《かもん》

もと幹部《かんぶ》、新選組《しんせんぐみ》の刃《やいば》のもとに散《ち》る

北辰一刀流《ほくしんいっとうりゅう》の使《つか》い手《て》・藤堂平助《とうどうへいすけ》は新選組《しんせんぐみ》の最年少幹部《さいねんしょうかんぶ》。もともとは江戸《えど》の他《ほか》の道場《どうじょう》で学《まな》んでいたが、試衛館《しえいかん》と交流《こうりゅう》をもつようになり新選組《しんせんぐみ》に参加《さんか》。当時《とうじ》二十歳《はたち》だった藤堂《とうどう》は、最《さい》年少《ねんしょう》ながらも八番隊組長《はちばんたいくみちょう》という幹部《かんぶ》になる。

池田屋事件《いけだやじけん》（→23ページ）にも参加《さんか》。鉢金《はちがね》（鉢巻《はちま》きで金属《きんぞく》をくるんだもの）を外《はず》したところを斬《き》りこまれ、負傷《ふしょう》しながらも自分《じぶん》の刀《かたな》が刃《は》こぼれをおこすまで戦《たたか》った。

新選組脱退後《しんせんぐみだったいご》、京都《きょうと》の油小路《あぶらのこうじ》で仲間《なかま》だった新選組《しんせんぐみ》に討《う》たれて死亡《しぼう》した。

9

「斬《き》れ！」が口癖《くちぐせ》の短気《たんき》な槍使《やりつか》い

原田左之助（はらだ さのすけ）

キレやすさはケンカの勢《いきお》いで切腹《せっぷく》するほど

松山藩《まつやまはん》にいた十代《じゅうだい》のころ、切腹《せっぷく》の作法《さほう》について口論《こうろん》となった。原《はら》田《だ》は、ならばやってみせようと自《じ》分《ぶん》の腹《はら》を斬《き》った。一命《いちめい》はとりとめたものの傷《きず》は腹《はら》に残《のこ》り、その傷《きず》は自慢《じまん》でもあったという。

短気《たんき》な槍《やり》の名手《めいしゅ》は、妻《つま》の前《まえ》では甘《あま》えん坊《ぼう》？

原田左之助《はらださのすけ》は槍《やり》の名手《めいしゅ》。二十歳《はたち》ごろから江《え》戸《ど》の試衛館《しえいかん》に出入《でい》りし、新選組《しんせんぐみ》の結成《けっせい》にかかわった。短気《たんき》で「斬《き》れ！　斬《き》れ！」が口癖《くちぐせ》。新《しん》選組《せんぐみ》が関係《かんけい》した大抵《たいてい》の事件《じけん》に参加《さんか》していて、槍《やり》の腕《うで》が相当《そうとう》のものだったことがわかる。

この短気《たんき》な槍使《やりつか》い、かなりの愛妻家《あいさいか》だったらしい。戊辰戦争《ぼしんせんそう》（↓44ページ）のとき会津《あいづ》にむかう道中《どうちゅう》、京都《きょうと》の妻子《さいし》に会《あ》いたくてひき返《かえ》したとか。原田《はらだ》さん、仕事中《しごとちゅう》ですよ？　と突《つ》っこみたくなる。妻《つま》の前《まえ》では別人《べつじん》のように優《やさ》しかったのだろう。

生没年《せいぼつねん》
1840～1868年《ねん》
（享年《きょうねん》29歳《さい》）

出身地《しゅっしんち》
伊予国松山《いよのくにまつやま》

身分《みぶん》
新選組《しんせんぐみ》
十番隊組長《じゅうばんたいくみちょう》

家紋《かもん》

10

井上源三郎（いのうえ げんざぶろう）

親《した》しまれ尊敬《そんけい》された無口《むくち》な源《げん》さん

生没年《せいぼつねん》
1829～1868年《ねん》
（享年《きょうねん》40歳《さい》）

出身地《しゅっしんち》
武蔵国《むさしのくに》日《ひ》野《の》村《むら》

身分《みぶん》
新選組《しんせんぐみ》
六番隊組長《ろくばんたいくみちょう》

家紋《かもん》

真面目《まじめ》な性格《せいかく》がわざわいし命《いのち》を落《お》とす

18歳《さい》で試衛館《しえいかん》に入門《にゅうもん》し、修業《しゅぎょう》を積《つ》んだ井上《いのうえ》源三郎《げんざぶろう》。そのころの道場主《どうじょうぬし》は近藤周助《こんどうしゅうすけ》。井上《いのうえ》は近藤勇《こんどういさみ》（→20ページ）の兄弟子《あにでし》にあたる。剣《けん》の腕前《うでまえ》は、天才《てんさい》と言《い》えるほどのものではないが「きっちり任務《にんむ》を遂行《すいこう》する」というタイプ。

彼《かれ》は無口《むくち》でおとなしく、でも一度《いちど》言《い》い出《だ》したらゆずらない頑固《がんこ》な面《めん》もあった。「源《げん》さん」とよばれ、親《した》しまれていたという。なんだかかわいい。真面目《まじめ》な性格《せいかく》がアダとなり、鳥《と》羽《ば》・伏見《ふしみ》の戦《たたか》い（→44ページ）で、撤退《てったい》する味《み》方《かた》を助《たす》けるため最前線《さいぜんせん》で戦《たたか》い、命《いのち》を落《お》とした。

もっと知《し》りたい！

新選組《しんせんぐみ》の強《つよ》さのヒミツ

幕末《ばくまつ》をかけぬけたカッコいい新選組《しんせんぐみ》！　倒《とう》幕《ばく》の勢力《せいりょく》と戦《たたか》うために京都《きょうと》で警察《けいさつ》のような役《やく》割《わり》を果《は》たした組織《そしき》だ。新選組《しんせんぐみ》はどうやって結《けっ》成《せい》されたのか、他《ほか》にどんな人《ひと》がいたのか……。新選組《しんせんぐみ》に対《たい》する興味《きょうみ》がどんどんわいてくるキミ！　新選組《しんせんぐみ》ってこんな組織《そしき》だったんだ。

剣《けん》の達人《たつじん》が勢《せい》ぞろい！

土方《ひじかた》、沖田《おきた》、永倉《ながくら》……と近藤《こんどう》ひきいる試衛館《しえいかん》のメンバーは優秀《ゆうしゅう》な剣士《けんし》がずらり。天才剣士《てんさいけんし》とよばれるような人物《じんぶつ》が多《おお》く集《あつ》まった試衛館《しえいかん》。そのメンバーたちが新選組《しんせんぐみ》の中心《ちゅうしん》となったのだから、弱《よわ》いわけはない！　圧倒的《あっとうてき》な強《つよ》さで京都《きょうと》の守護《しゅご》にあたったのだ。

新選組《しんせんぐみ》の厳《きび》しいきまり

新選組《しんせんぐみ》には隊士《たいし》たちが絶対《ぜったい》に守《まも》らなくてはいけないきまり「局中法度《きょくちゅうはっと》」があった。隊長《たいちょう》の近藤《こんどう》と、副長《ふくちょう》の土方《ひじかた》が決《き》めたものだという。これを破《やぶ》ると切腹《せっぷく》とされた。

たとえば、敵《てき》と戦《たたか》って倒《たお》すことができず、戦闘中《せんとうちゅう》に自分《じぶん》の背中《せなか》に傷《きず》を負《お》った場合《ばあい》なども武士道《ぶしどう》にそむいたとして切腹《せっぷく》とされた。とにかく、なにもかも切腹《せっぷく》――これは近藤《こんどう》の、武士《ぶし》として生《い》きぬきたいという強《つよ》い決意《けつい》のあらわれだろう。

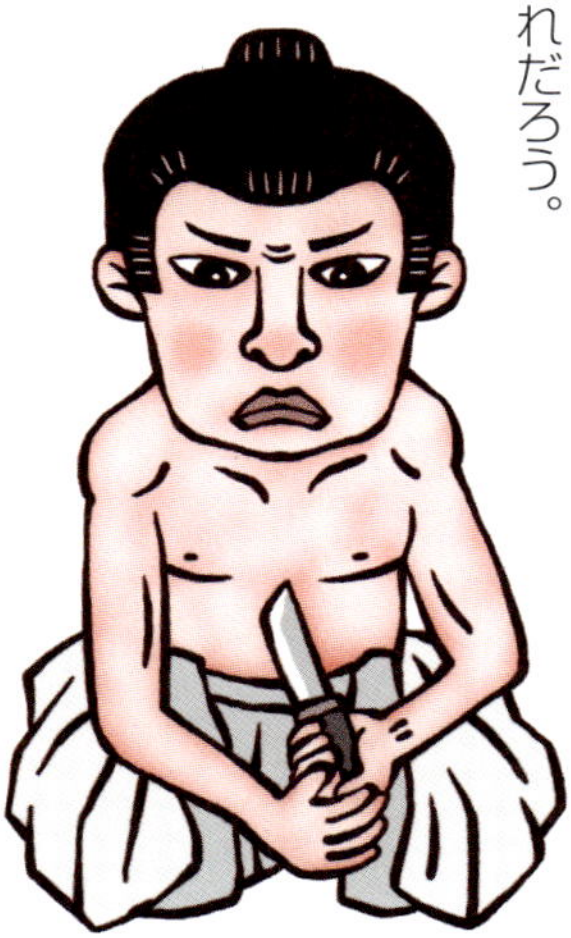

局中法度《きょくちゅうはっと》

一、武士道《ぶしどう》にそむいてはならない
一、新選組《しんせんぐみ》を脱走《だっそう》してはならない
一、勝手《かって》に金策《きんさく》をしてはならない
一、勝手《かって》に訴訟《そしょう》をあつかってはならない
一、個人的《こじんてき》な決闘《けっとう》をしてはならない
以上《いじょう》を破《やぶ》ったら切腹《せっぷく》すること。

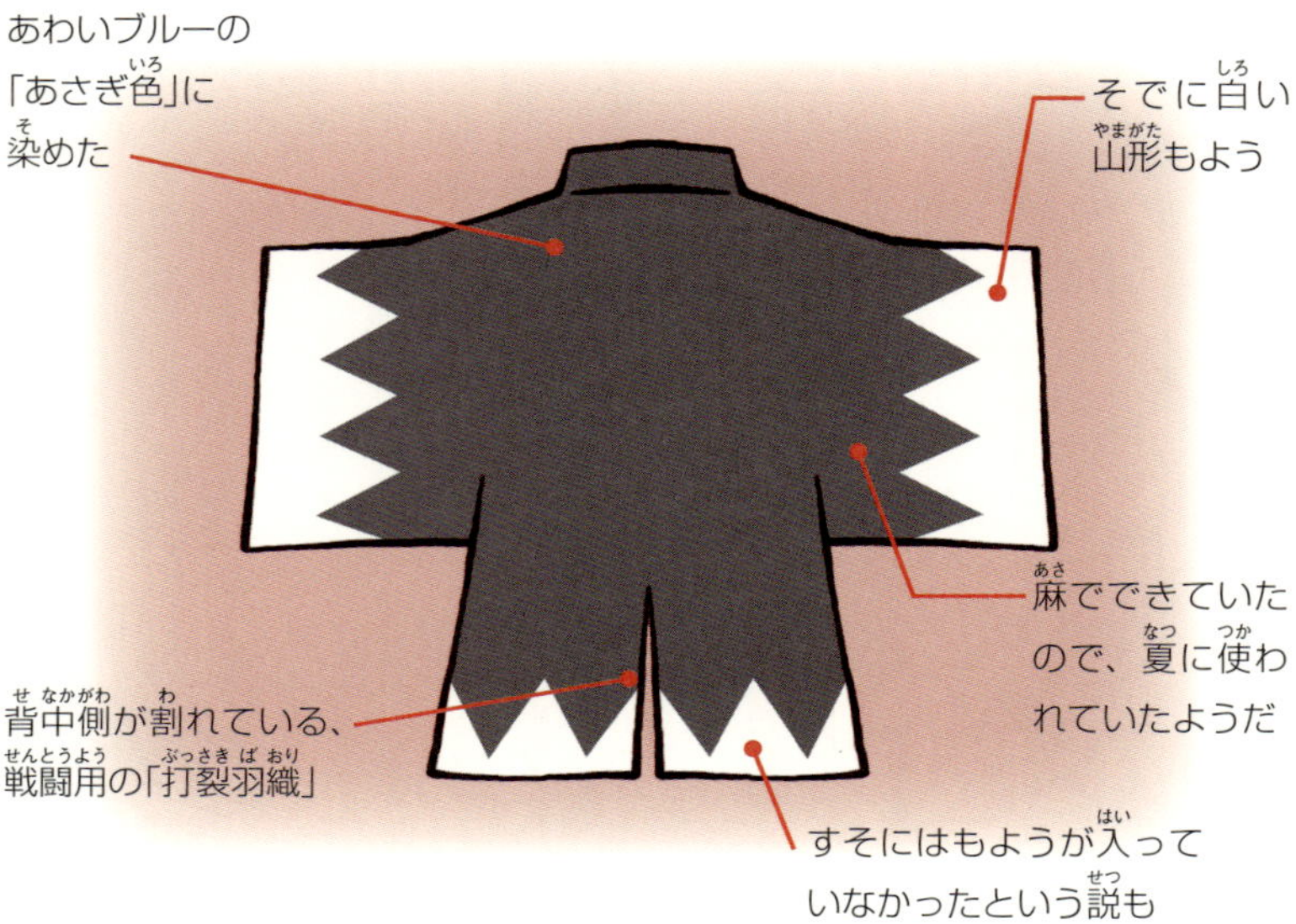

有名《ゆうめい》な制服《せいふく》、だんだらもよう！

お金《かね》のなかった新選組《しんせんぐみ》は、最初《さいしょ》制服《せいふく》などなかった。これを見《み》かねた芹沢鴨《せりざわかも》（→32ページ）が強引《ごういん》に借金《しゃっきん》をし、呉服屋《ごふくや》に特注《とくちゅう》でつくらせたのが、あさぎ色《いろ》のだんだら染《ぞめ》の制服《せいふく》だった。しかし、これは目《め》だちすぎたうえに、京都《きょうと》の人《ひと》にダサいと馬鹿《ばか》にされたため、実際《じっさい》にはあまり着《き》られなかったとか。

まだまだいる、かっこいい隊士《たいし》たち

新選組《しんせんぐみ》には活躍《かつやく》した人物《じんぶつ》がまだまだいる。池田屋事件《いけだやじけん》（→23ページ）のときに土方《ひじかた》とともに建物《たてもの》のなかで戦《たたか》った松原忠司《まつばらただじ》と谷三十郎《たにさんじゅうろう》。近藤《こんどう》とともに斬《き》りこんだ武田観柳斎《たけだかんりゅうさい》。新選組《しんせんぐみ》から分離《ぶんり》した伊東甲子太郎《いとうかしたろう》の弟《おとうと》・三木三郎《みきさぶろう》。強《つよ》かったにもかかわらず、芹沢《せりざわ》とともに乱行《らんぎょう》を重《かさ》ねたために切腹《せっぷく》となった新見錦《にいみにしき》などだ。

戊《ぼ》辰《しん》戦《せん》争《そう》 ―幕《ばく》末《まつ》から明《めい》治《じ》維《い》新《しん》への戦《たたか》い―

1868年《ねん》から1869年《ねん》にかけておきた戊《ぼ》辰《しん》戦《せん》争《そう》とはどんな戦《たたか》いだったのか、ここで全《ぜん》体《たい》を見《み》ておこう。

発端《ほったん》

1867年《ねん》に大政奉還《たいせいほうかん》が行《おこな》われ、王政復古《おうせいふっこ》の大号令《だいごうれい》が出《だ》されると(→143ページ)、倒幕派《とうばくは》は徳川慶喜《とくがわよしのぶ》(→140ページ)に領地《りょうち》を返《かえ》すようにせまった。幕府側《ばくふがわ》がそれに反発《はんぱつ》して戦《たたか》いをおこす。実《じつ》は慶喜《よしのぶ》はあまり乗《の》り気《き》ではなかったのだが、挑発《ちょうはつ》されて激怒《げきど》する者《もの》たちをおさえることができず、戦《たたか》いの火《ひ》ぶたが切《き》って落《お》とされた。

鳥羽《とば》・伏見《ふしみ》の戦《たたか》い

1868年《ねん》1月《がつ》3日《か》、京都《きょうと》の鳥羽《とば》と伏見《ふしみ》の2か所《しょ》で戦《たたか》いがはじまった。ここから約《やく》1年半《ねんはん》に渡《わた》ってくり広《ひろ》げられた戦《たたか》いを、「戊《ぼ》辰戦争《しんせんそう》」とよぶ。

幕府側《ばくふがわ》には、西郷隆盛《さいごうたかもり》(→56ページ)や大《お》久保利通《くぼとしみち》(→104ページ)などの優《すぐ》れた人《じん》物《ぶつ》がいなかった。そのため、旧幕府軍《きゅうばくふぐん》は新《しん》政府軍《せいふぐん》の3倍《ばい》もの兵力《へいりょく》があったにもかかわらず苦戦《くせん》をしいられることとなった。

幕府軍《ばくふぐん》、賊軍《ぞくぐん》となる

1月《がつ》4日《か》、朝廷《ちょうてい》が新政府軍《しんせいふぐん》を官軍《かんぐん》（朝廷《ちょうてい》・政府《せいふ》に味方《みかた》する軍《ぐん》）と認《みと》めた。これは、旧《きゅう》幕府軍《ばくふぐん》は賊軍《ぞくぐん》（朝廷《ちょうてい》・政府《せいふ》の意思《いし》に反《はん》する軍《ぐん》）と宣言《せんげん》されたのと同《おな》じことだった。

これにより、どちらにつくか心《こころ》が決《き》まらなかった諸藩《しょはん》が、新政府軍《しんせいふぐん》の側《がわ》についた。賊軍《ぞくぐん》になりたくなかったのだ。それまで味《み》方《かた》をしていたはずの藩《はん》からも攻撃《こうげき》をうけた旧幕府軍《きゅうばくふぐん》はとうとう撤退《てったい》。慶喜《よしのぶ》自身《じしん》はなんと、まだ兵士《へいし》たちが戦《たたか》っている最中《さいちゅう》だというのに自分《じぶん》は軍艦《ぐんかん》に乗《の》って江戸《えど》に逃《に》げ帰《かえ》るというみっともない姿《すがた》をさらした。

各地《かくち》でおこった戦《たたか》い

鳥羽《とば》・伏見《ふしみ》の戦《たたか》いのあとは、上野《うえの》の寛永《かんえい》寺《じ》に幕府軍《ばくふぐん》の一部《いちぶ》がたてこもった「上野戦《うえのせん》争《そう》」、新政府《しんせいふ》にしたがおうとしていた会津《あいづ》藩《はん》・庄内藩《しょうないはん》を朝敵《ちょうてき》として討《う》とうとしたためにおこった「北越戦争《ほくえつせんそう》」、そこから続《つづ》く「会《あい》津戦争《づせんそう》」など、各地《かくち》でさまざまな戦《たたか》いがおこった。これらの戦《たたか》いで生《い》き残《のこ》った旧幕府《きゅうばくふ》軍《ぐん》も、1869年《ねん》5月《がつ》、五稜郭《ごりょうかく》の戦《たたか》い（↓162ページ）に敗《やぶ》れ、1年半《ねんはん》に渡《わた》る戊辰《ぼしん》戦争《せんそう》が終結《しゅうけつ》した。

戦《たたか》いを生《い》きのびて、明治新《めいじしん》政府《せいふ》のもとで活躍《かつやく》した者《もの》もいるが、多《おお》くの志士《しし》たちが命《いのち》を落《お》とした戊辰戦争《ぼしんせんそう》。彼《かれ》らの才《さい》能《のう》を惜《お》しむ声《こえ》も多《おお》い。

幕末《ばくまつ》の三《さん》大《だい》ヒーロー

奇想天外《きそうてんがい》な発想《はっそう》で幕末《ばくまつ》を縦横無尽《じゅうおうむじん》にかけぬけた、フリーダム坂本龍馬《さかもとりょうま》。真面目《まじめ》で人々《ひとびと》から信頼《しんらい》され、窮地《きゅうち》に追《お》いこまれても自分《じぶん》の生《い》き方《かた》を貫《つらぬ》いた、カタブツ西郷隆盛《さいごうたかもり》。多《おお》くの志士《しし》たちに影響《えいきょう》をあたえ、江戸城無血開城《えどじょうむけつかいじょう》をなしとげた、

カリスマ勝海舟《かつかいしゅう》。古《ふる》い江戸《えど》幕府《ばくふ》を解体《かいたい》させて、新政府《しんせいふ》を誕生《たんじょう》させるために必要不可欠《ひつようふかけつ》だった個《こ》性豊《せいゆた》かなこの3人《にん》。彼《かれ》らのうち一人《ひとり》でも欠《か》けていたとしたら、明治時代《めいじじだい》はやってこなかったかもしれない。

船中八策《せんちゅうはっさく》を提出《ていしゅつ》

前《ぜん》・土佐藩主《とさはんしゅ》
山内容堂《やまうちようどう》

大政奉還《たいせいほうかん》をすすめる

徳川慶喜《とくがわよしのぶ》

幕府《ばくふ》

主従

敬天愛人《けいてんあいじん》……人《ひと》を愛《あい》するのがモットーのおいどんじゃが、幕末《ばくまつ》は敵《てき》が多《おお》くてそれもなかなか難《むずか》しい。おいのからだは革命《かくめい》に差《さ》しあげもんそ！

三大《さんだい》ヒーローをとりまく人々《ひとびと》

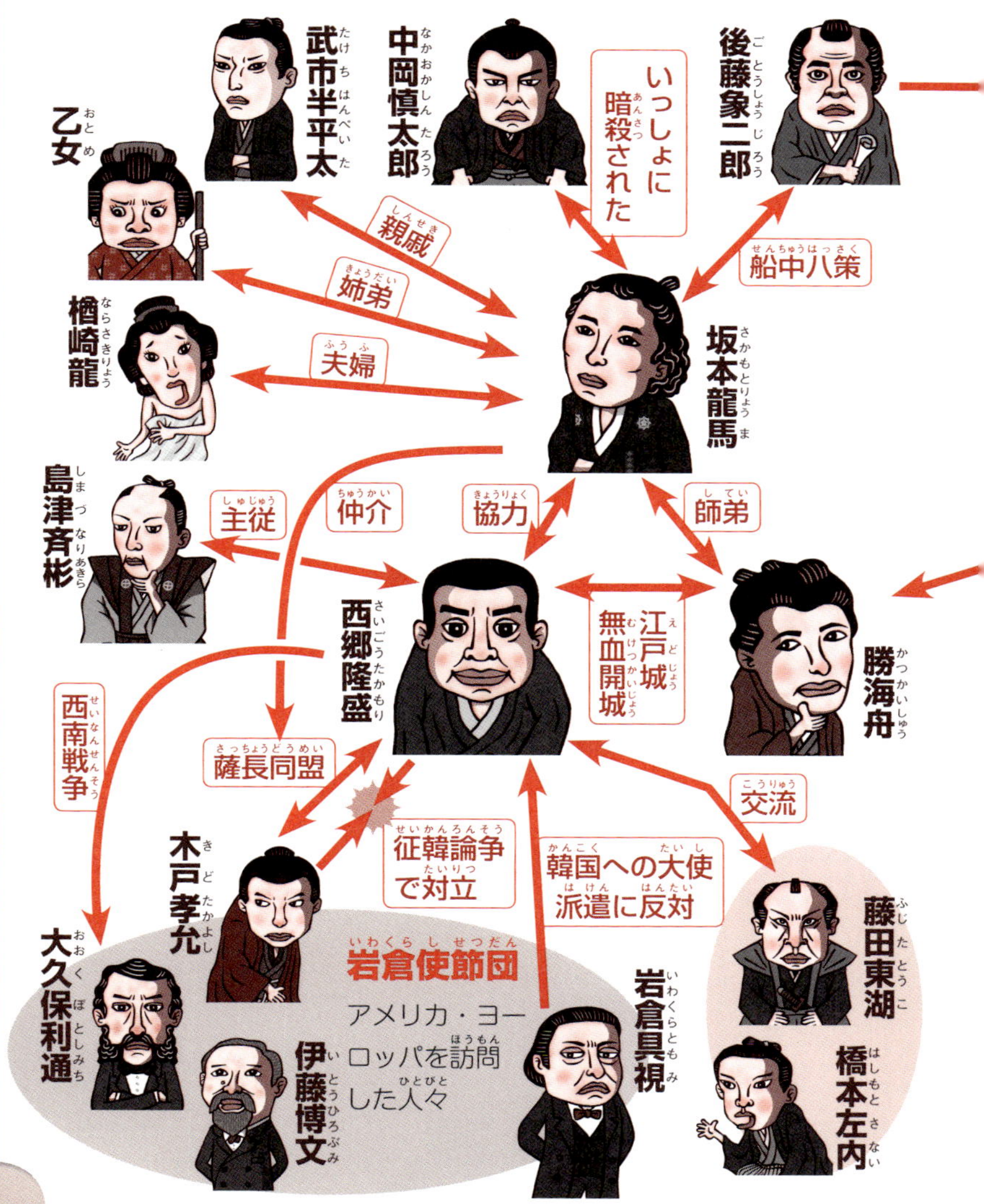

次《つぎ》のページから

11

もと落《お》ちこぼれは型破《かたやぶ》りの幕末風雲児《ばくまつふううんじ》

坂本龍馬（さかもと りょうま）

生没年《せいぼつねん》

1835～1867年《ねん》
(享年《きょうねん》33歳《さい》)

出身地《しゅっしんち》

土佐国高知《とさのくにこうち》

身分《みぶん》

土佐藩士《とさはんし》
海援隊隊長《かいえんたいたいちょう》

家紋《かもん》

人物《じんぶつ》データ

体力《たいりょく》 ■■■■■

知力《ちりょく》 ■■■□□

忠義心《ちゅうぎしん》 ■■■□□

ユーモア ■■■■□

モテ度《ど》 ■■■■□

あちこちかけずりまわって革命《かくめい》を進《すす》められたのは、体力《たいりょく》あってこそ！

特技《とくぎ》

剣術《けんじゅつ》（北辰一刀流《ほくしんいっとうりゅう》）

武器《ぶき》

スミス＆ウエッソンⅡ型《にがた》32口径《こうけい》ピストル

思想《しそう》

攘夷《じょうい》→開国《かいこく》・倒幕《とうばく》

死《し》に様《ざま》

暗殺《あんさつ》

幕末《ばくまつ》の中心人物《ちゅうしんじんぶつ》になったもと落《お》ちこぼれ

坂本龍馬《さかもとりょうま》の名《な》を知《し》らない者《もの》はいないだろう。土佐藩出身《とさはんしゅっしん》、型《かた》にとらわれない自由奔放《じゆうほんぽう》なやり方《かた》で幕末《ばくまつ》の歴史《れきし》に名《な》を残《のこ》した人物《じんぶつ》だ。

子《こ》どものころは勉強《べんきょう》のできない落《お》ちこぼれ。泣《な》き虫《むし》で、10歳《さい》を過《す》ぎてもおねしょをしていた……など、おおよそ歴史《れきし》に名《な》を残《のこ》すとは思《おも》えないエピソードがずらり。しかし28歳《さい》で土佐藩《とさはん》を脱藩《だっぱん》すると、メキメキと頭角《とうかく》をあらわした。日本《にほん》で最初《さいしょ》の会社《かいしゃ》とされる「亀山社中《かめやましゃちゅう》」（→52ページ）を設立《せつりつ》し、薩長同盟《さっちょうどうめい》（→81ページ）の実現《じつげん》に結《むす》びつけていく。

龍馬《りょうま》の意見《いけん》をまとめた「船中八策《せんちゅうはっさく》」（→53ページ）を後藤象二郎《ごとうしょうじろう》（→130ページ）らを通《つう》じて時《とき》の将軍《しょうぐん》・徳川慶喜《とくがわよしのぶ》（→140ページ）に提出《ていしゅつ》し、大政奉還《たいせいほうかん》（→143ページ）が実現《じつげん》されてから約《やく》1カ月後《げつご》、暗殺《あんさつ》により命《いのち》を落《お》とした。

もっと知《し》りたい！

坂本《さかもと》龍馬《りょうま》ってどんな人《ひと》？

龍馬《りょうま》が妻《つま》のお龍《りょう》と出《で》かけた旅《りょ》行《こう》は、日本初《にほんはつ》の新婚旅行《しんこんりょこう》だといわれている。

攘夷《じょうい》から開国《かいこく》へ

1853年《ねん》のペリー来航《らいこう》の際《さい》、龍馬《りょうま》は江戸《えど》で剣術《けんじゅつ》を学《まな》んでいた。急《きゅう》きょ、江戸《えど》・品川《しながわ》の警護《けいご》についた龍馬《りょうま》。もとは外国《がいこく》の侵入《しんにゅう》は阻止《そし》するという攘夷論者《じょういろんしゃ》だったが、黒船《くろふね》を目《め》の前《まえ》にすると外国《がいこく》への興味《きょうみ》をかきたてられた。

その後《ご》、土佐《とさ》に戻《もど》ってからも外国《がいこく》への思《おも》いは止《と》まらず、西洋《せいよう》の知識《ちしき》を仕入《しい》れていった。黒船《くろふね》との対面《たいめん》が開国論者《かいこくろんしゃ》へむかわせるきっかけのひとつとなったのだ。

土佐《とさ》にはおさまりきれず、とうとう脱藩《だっぱん》！

龍馬《りょうま》は武市半平太《たけちはんぺいた》（→132ページ）の親友《しんゆう》であり、幼《おさな》なじみでもあった。品川《しながわ》の警護《けいご》から土佐《とさ》に帰《かえ》った龍馬《りょうま》は、武市《たけち》が結成《けっせい》した「土佐《とさ》勤王党《きんのうとう》」の一員《いちいん》として活動《かつどう》した。

しかし、武市《たけち》のあまりに強烈《きょうれつ》な攘夷《じょうい》思想《しそう》に反発《はんぱつ》を覚《おぼ》えた龍馬《りょうま》は、郷土《きょうど》の改革《かいかく》より国《くに》の改《かい》革《かく》を目標《もくひょう》とした。

そうして龍馬《りょうま》はついに脱藩《だっぱん》を決行《けっこう》する。当時《とうじ》、脱藩《だっぱん》は重罪《じゅうざい》だったが、改革《かいかく》を夢見《ゆめみ》る龍馬《りょうま》にはそんなことはどうでもよかったようだ。土佐勤王党《とさきんのうとう》も土佐藩《とさはん》も捨《す》てて、日本《にほん》のために戦《たたか》う生《い》き方《かた》を選《えら》んだのだった。

勝海舟《かつかいしゅう》との出会《であ》い

龍馬《りょうま》の代名詞《だいめいし》とでもいうべき「海援隊《かいえんたい》」（→52ページ）。この結成《けっせい》には勝海舟《かつかいしゅう》（→64ページ）との出会《であ》いが不可欠《ふかけつ》だった。

はじめ、龍馬《りょうま》は開国派《かいこくは》の勝《かつ》を殺《ころ》すつもりでいたが、勝《かつ》の開国論《かいこくろん》に感動《かんどう》してやめてしまう。勝《かつ》は「貿易《ぼうえき》を行《おこな》って金《かね》をかせぎ、それを元手《もとで》にして海軍《かいぐん》をつくり、国《くに》を守《まも》る」という考《かんが》えだった。龍馬《りょうま》はすっかり納得《なっとく》させられて勝《かつ》に弟子入《でしい》りをする。この出会《であ》いが、亀山社中《かめやましゃちゅう》（のちの海援隊《かいえんたい》）を結成《けっせい》することにつながったのだ。

亀山社中《かめやましゃちゅう》（海援隊《かいえんたい》）の設立《せつりつ》

龍馬《りょうま》は勝《かつ》に弟子《でし》入りしていたため、幕府《ばくふ》の海《かい》*軍操練所《ぐんそうれんじょ》で船《ふね》の操作《そうさ》を身《み》につけることができた。また藩《はん》をこえて、様々《さまざま》な組織《そしき》の重要人物《じゅうようじんぶつ》と交流《こうりゅう》を深《ふか》めることもできた。こういったことがベースとなり、1865年《ねん》、日本初《にほんはつ》の会社《かいしゃ》といわれる「亀山社中《かめやましゃちゅう》」を設立《せつりつ》させる。

亀山社中《かめやましゃちゅう》は政治《せいじ》の活動《かつどう》にもかかわったが、海《かい》運《うん》と貿易《ぼうえき》をする会社《かいしゃ》でもあった。師匠《ししょう》・勝《かつ》の開《かい》国論《こくろん》「貿易《ぼうえき》で得《え》た資金《しきん》を元手《もとで》に日本《にほん》を守《まも》って発《はっ》展《てん》させる」という思想《しそう》を実現《じつげん》したような組織《そしき》だ。物資《ぶっし》を運《はこ》んだり、貿易《ぼうえき》をしたりして資金《しきん》を集《あつ》めて改革《かいかく》に取《と》り組《く》んだ。

亀山社中《かめやましゃちゅう》の大《おお》きな実績《じっせき》は、薩長同盟《さっちょうどうめい》（↓81ページ）を実現《じつげん》させたことだ。薩摩藩《さつまはん》と長州藩《ちょうしゅうはん》は、禁門《きんもん》の変《へん》（↓85ページ）などがあり、いつ戦《せん》争《そう》がおこってもおかしくない状況《じょうきょう》だった。龍馬《りょうま》は両藩《りょうはん》の間《あいだ》に入《はい》り「感情《かんじょう》や気《き》もちで動《うご》くより、利益《りえき》を重視《じゅうし》したほうがよい」といた。こうして両藩《りょうはん》の間《あいだ》に武器《ぶき》と食《た》べ物《もの》を貿易《ぼうえき》させる流《なが》れをつくり、同盟《どうめい》を結《むす》ばせたのだった。

のちに亀山社中《かめやましゃちゅう》は土佐藩《とさはん》の関連組織《かんれんそしき》となり、「海《うみ》から土佐藩《とさはん》を援護《えんご》する」という意味《いみ》の「**海援**《かいえん》**隊**《たい》」に名前《なまえ》を変《か》えることになる。

*海軍操練所《かいぐんそうれんじょ》…海軍《かいぐん》の士官学校《しかんがっこう》と工場《こうじょう》を合《あ》わせたもの。

船中八策《せんちゅうはっさく》を提出《ていしゅつ》し、大政奉還《たいせいほうかん》をうながす

龍馬《りょうま》がつくったとされる「船中八策《せんちゅうはっさく》」は、日本《にほん》が今後《こんご》とるべき策《さく》をまとめたものだった。これはのちに明治政府《めいじせいふ》の体制《たいせい》の骨組《ほねぐみ》になったという。

内容《ないよう》は「政権《せいけん》を朝廷《ちょうてい》に返《かえ》す」「政局《せいきょく》をつくり、議員《ぎいん》をたて、なにかを決《き》めるときには話《はな》しあう」などの8か条《じょう》で、これを後藤象二郎《ごとうしょうじろう》、前土佐藩主《ぜんとさはんしゅ》・山内容堂《やまうちようどう》を通《つう》じて将軍徳川慶喜《しょうぐんとくがわよしのぶ》へ提出《ていしゅつ》、大政奉還《たいせいほうかん》へとつながったのだった。

伝《つた》えられている「船中八策《せんちゅうはっさく》」の内容《ないよう》は、以下《いか》の通《とお》り。

一、政権《せいけん》を朝廷《ちょうてい》に返還《へんかん》し、今後《こんご》、政令《せいれい》は朝廷《ちょうてい》が出《だ》すこと

一、2種類《しゅるい》の議会《ぎかい》を設《もう》け、もろもろのことは話《はな》しあいで決《き》めること

一、徳川家《とくがわけ》・諸藩《しょはん》にこだわらず有能《ゆうのう》な人《ひと》たちに職《しょく》をあたえ、むだな役職《やくしょく》は廃止《はいし》すること

一、外交《がいこう》を強化《きょうか》すること

一、これまでの決《き》まりごとをよく吟味《ぎんみ》して、新《あたら》しい法律《ほうりつ》をつくること

一、海軍《かいぐん》の力《ちから》を強化《きょうか》すること

一、御親兵《ごしんぺい》を配置《はいち》し、首都《しゅと》を守《まも》ること

一、外国《がいこく》と対等《たいとう》な条約《じょうやく》を結《むす》ぶこと

龍馬暗殺《りょうまあんさつ》　近江屋事件《おうみやじけん》

１８６７年、大政奉還《たいせいほうかん》（↓１４３ページ）が実《じつ》現《げん》したと報告《ほうこく》をうけた龍馬《りょうま》は、涙《なみだ》を流《なが》して感動《かんどう》したという。それからたった１か月後《げつご》、京都《きょうと》の近江屋《おうみや》に中岡慎太郎《なかおかしんたろう》（↓１３８ページ）といっしょにいたところを襲《おそ》われて命《いのち》を落《お》とした。

龍馬《りょうま》はつねに命《いのち》をねらわれていて、前年《ぜんねん》、薩《さつ》摩藩《まはん》が宿泊《しゅくはく》に利用《りよう》していた寺田屋《てらだや》にいるところを襲《おそ》われるという事件《じけん》がおきた。そのため、宿《やど》を近江屋《おうみや》に変《か》え、中岡《なかおか》と話《はな》しあっているところに踏《ふ》みこまれたのだ。

彼《かれ》を斬《き》った刺客《しかく》が誰《だれ》だったのか、いまだハッキリとしていない。ここで命《いのち》を落《お》とさなければ、さらに維新《いしん》に深《ふか》くかかわって、もっと名《な》をあげていたことだろう。

姉《あね》は仁王様《におうさま》！　女傑《じょけつ》・乙女《おとめ》

鼻《はな》たれで泣《な》き虫《むし》だった龍馬《りょうま》は、12歳《さい》で母《はは》親《おや》が亡《な》くなるという試練《しれん》にあう。その後《ご》、龍馬《りょうま》をスパルタで強《つよ》い男《おとこ》に変《か》えていったのは、3歳年上《さいとしうえ》の姉《あね》、乙女《おとめ》だ。

乙女《おとめ》はその名前《なまえ》からは想像《そうぞう》もできない体《たい》格《かく》をしていた。身長《しんちょう》176センチ、体重《たいじゅう》100キロである。性格《せいかく》は男《おとこ》のようで、あだ名《な》は「坂本《さかもと》の*仁王様《におうさま》」。龍馬《りょうま》を縄《なわ》でしばって川《かわ》に投《な》げ入《い》れたり、木刀《ぼくとう》をふりまわしたりして教育《きょういく》したという。また、本《ほん》すらろくに読《よ》まなかった龍馬《りょうま》に、勉強《べんきょう》を教《おし》えたのも乙女《おとめ》だった。

龍馬《りょうま》は大人《おとな》になってから、恋愛《れんあい》のことなども乙女《おとめ》に相談《そうだん》していたというから、かなりのお姉《ねえ》ちゃん子《こ》だったことがわかる。姉《あね》に恋《こい》の報告《ほうこく》だなんて、現代《げんだい》ならば「キモッ」と言《い》われてしまいそうだが、この姉《あね》が志《し》士《し》・坂本龍馬《さかもとりょうま》をつくりあげるための重要人《じゅうようじん》物《ぶつ》だったことは間違《まちが》いない。

＊仁王《におう》…恐《おそ》ろしい顔《かお》をした強《つよ》い神様《かみさま》。

12

維新三傑《いしんさんけつ》の一人《ひとり》、ナンバーワンの功労者《こうろうしゃ》

西郷隆盛（さいごう　たかもり）

生没年《せいぼつねん》

1827～1877年《ねん》
（享年《きょうねん》51歳《さい》）

出身地《しゅっしんち》

薩摩国《さつまのくに》鹿児島《かごしま》

身分《みぶん》

薩摩藩士《さつまはんし》

家紋《かもん》

人物《じんぶつ》データ

体力《たいりょく》	■■■□□
知力《ちりょく》	■■■■□
忠義心《ちゅうぎしん》	■■■■□
ユーモア	■■□□□
モテ度《ど》	■□□□□

ひじの神経《しんけい》を切《き》っているので体力《たいりょく》的《てき》には少《すこ》し不利《ふり》。真面目《まじめ》すぎて女《じょ》性《せい》にはあまりモテなかったようだ。

特技《とくぎ》
改革《かいかく》

武器《ぶき》
外交手腕《がいこうしゅわん》

思想《しそう》
尊王《そんのう》・倒幕《とうばく》

死に様《しにざま》
自害《じがい》

幕末《ばくまつ》・維新《いしん》の大《おお》きな改革《かいかく》に西郷《さいごう》あり

木戸孝允《きどたかよし》(→78ページ)・大久保利通《おおくぼとしみち》(→104ページ)とともに維新三傑《いしんさんけつ》とよばれる。貧《まず》しい下級藩士《かきゅうはんし》の家《いえ》に生《う》まれたが、18歳《さい》のころ農政改革《のうせいかいかく》についての意見書《いけんしょ》を書《か》き、薩摩《さつま》藩主《はんしゅ》の島津斉彬《しまづなりあきら》(→108ページ)に認《みと》められた。その後《ご》、斉彬《なりあきら》の連絡役《れんらくやく》として走《はし》りまわるうちに各方面《かくほうめん》の人々《ひとびと》に知《し》られるように。

木戸孝允《きどたかよし》と薩長同盟《さっちょうどうめい》(→81ページ)を結《むす》ぶ、江戸城無血開城《えどじょうむけつかいじょう》(→70ページ)を実現《じつげん》するなど、大《おお》きな仕事《しごと》をこなし、維新後《いしんご》も新政府《しんせいふ》の重要《じゅうよう》ポストにつくが、征韓論争《せいかんろんそう》(→61ページ)に敗《やぶ》れて薩摩《さつま》へ帰《かえ》る。1877年《ねん》には西南戦争《せいなんせんそう》(→62ページ)に敗北《はいぼく》し、自害《じがい》した。

日本《にほん》の激動時《げきどうじ》に大《おお》きな改革《かいかく》に次々《つぎつぎ》かかわった西郷《さいごう》は、今《いま》でも多《おお》くの人《ひと》に親《した》われる人柄《ひとがら》のもち主《ぬし》だったのだ。

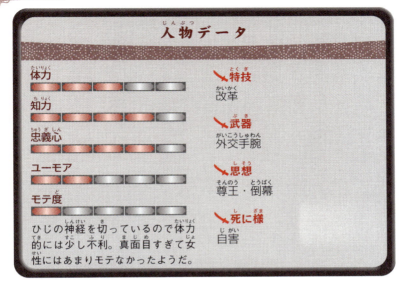

もっと知《し》りたい!

西郷隆盛《さいごうたかもり》ってどんな人《ひと》?

1858年《ねん》の安政《あんせい》の大獄《たいごく》のあと、未来《みらい》に希望《きぼう》を見出《みいだ》せなくなった西郷《さいごう》は、一度《いちど》自殺未遂《じさつみすい》をしている。

勉学《べんがく》にはげんだことがのちに役《やく》だつ

子《こ》どものころ友達《ともだち》のケンカを止《と》めに入《はい》り、ひじの神経《しんけい》を切《き》る重傷《じゅうしょう》を負《お》った。このため、学問《がくもん》で身《み》をたてようと勉強《べんきょう》にはげんだという。薩摩《さつま》藩主《はんしゅ》・島津斉彬《しまづなりあきら》(→108ページ)の目《め》にとまる意見書《いけんしょ》をつくることができたのも、幼《おさな》き日《ひ》の勉学《べんがく》があってこそだろう。

庭方役《にわかたやく》を拝命《はいめい》する

農政改革《のうせいかいかく》のための意見書《いけんしょ》をせっせと提出《ていしゅつ》したことから、藩主《はんしゅ》・島津斉彬《しまづなりあきら》から江戸《えど》の薩摩藩邸《さつまはんてい》の庭方役《にわかたやく》(藩主《はんしゅ》について雑務《ざつむ》をこなす仕事《しごと》)に任《にん》ぜられた。

そのおかげで、藤田東湖《ふじたとうこ》(→197ページ)や橋本左内《はしもとさない》(→198ページ)らと交流《こうりゅう》をもつことができ、さまざまな知識《ちしき》を身《み》につけ、人脈《じんみゃく》をつくることができたのだ。

また島流《しまなが》し？ 二度《にど》に渡《わた》る島《しま》での生活《せいかつ》

1858年《ねん》、安政《あんせい》の大獄《たいごく》（↓156ページ）で幕府《ばくふ》が攘夷派《じょういは》の者《もの》に弾圧《だんあつ》を加《くわ》えはじめ、西郷《さいごう》も逮捕《たいほ》される対象《たいしょう》に。そこで薩摩藩《さつまはん》は西郷《さいごう》をかくまうために奄美大島《あまみおおしま》に流《なが》した。このとき長州藩《ちょうしゅうはん》は吉田松陰《よしだしょういん》（↓86ページ）を幕府《ばくふ》にひき渡《わた》している。西郷《さいごう》は藩《はん》から必要《ひつよう》とされていたのだろう。

島《しま》から帰《かえ》ることとなったのは、公武合体運動《こうぶがったいうんどう》（↓145ページ）がはじまり、島津久光《しまづひさみつ》（↓117ページ）が、西郷《さいごう》の力《ちから》を必要《ひつよう》としたためだ。しかし、久光《ひさみつ》のやり方《かた》に協力的《きょうりょくてき》でなかったので再《ふたた》び島流《しまなが》しに。

2年後《ねんご》、やはり西郷《さいごう》の力《ちから》が必要《ひつよう》とされ、京都《きょうと》での軍司令官《ぐんしれいかん》としてよび戻《もど》される。その年《とし》おこった禁門《きんもん》の変《へん》（↓85ページ）では、会津藩《あいづはん》と力《ちから》をあわせて長州藩《ちょうしゅうはん》を京都《きょうと》から追《お》い出《だ》した。

座右《ざゆう》の銘《めい》は「敬天愛人《けいてんあいじん》」

西郷《さいごう》は「敬天愛人《けいてんあいじん》」という言葉《ことば》を好《この》んだ。「天《てん》を尊敬《そんけい》し人《ひと》を愛《あい》する」という意味《いみ》だ。流《なが》された島《しま》で恋《こい》をしたり、土地《とち》の子《こ》どもたちに勉強《べんきょう》を教《おし》えたりするなかで、彼《かれ》のなかにはひとつの人生《じんせい》観《かん》ができあがっていったという。『南洲翁遺訓《なんしゅうおういくん》』という西郷《さいごう》の話《はな》したことを聞《き》き書《が》きした本《ほん》には「道《みち》というものは、天地《てんち》のようにおのずからあるものだから、なによりも天《てん》を敬《うやま》うことを目的《もくてき》とするべきだ。天《てん》はすべての人《ひと》を平等《びょうどう》に愛《あい》するのだから、自分《じぶん》を愛《あい》するように他人《たにん》も愛《あい》することが大切《たいせつ》だ」と、敬天愛人《けいてんあいじん》の考《かんが》えが記《しる》されている。

禁門《きんもん》の変《へん》での活躍《かつやく》

会津藩《あいづはん》や薩摩藩《さつまはん》の公武合体派《こうぶがったいは》が手《て》を組《く》み、長州藩《ちょうしゅうはん》などの尊王攘夷派《そんのうじょういは》を京都《きょうと》から追放《ついほう》した（文久《ぶんきゅう》の政変《せいへん》→93ページ）。1864年《ねん》、長州藩《ちょうしゅうはん》は地位《ちい》を回復《かいふく》するために、武力《ぶりょく》をもって京都御所《きょうとごしょ》におしかけ、会津藩《あいづはん》・薩摩藩《さつまはん》と戦闘《せんとう》になったが、新《あら》たに薩摩軍《さつまぐん》のリーダーとなった西郷《さいごう》によって撃退《げきたい》された（禁門《きんもん》の変《へん》→85ページ）。

外交《がいこう》の大切《たいせつ》さに気《き》づく

禁門《きんもん》の変《へん》のあと、勝海舟《かつかいしゅう》（→64ページ）・坂本龍馬《さかもとりょうま》（→48ページ）と出会《であ》い、外交《がいこう》の大切《たいせつ》さに気《き》づいた西郷《さいごう》。このまま長州藩《ちょうしゅうはん》をほろぼしてしまうと、そこから諸外国《しょがいこく》に攻《せ》め入《い》られるかもしれないと考《かんが》えた。

龍馬《りょうま》の仲介《ちゅうかい》で、木戸孝允《きどたかよし》（→78ページ）と薩長同盟《さっちょうどうめい》（→81ページ）を結《むす》び、長州征伐《ちょうしゅうせいばつ》（→107ページ）の際《さい》、幕府《ばくふ》に協力《きょうりょく》しないなどの策《さく》をとり、長州征伐《ちょうしゅうせいばつ》を失敗《しっぱい》に導《みちび》いた。

征韓論争《せいかんろんそう》

明治新政府《めいじしんせいふ》のもと、西郷《さいごう》は版籍奉還《はんせきほうかん》、廃藩置県《はいはんちけん》(→105ページ)などさまざまな政策《せいさく》を進《すす》めた。そのなかに浮上《ふじょう》してきたのが「征韓論《せいかんろん》」だ。

開国前《かいこくまえ》、日本《にほん》と朝鮮《ちょうせん》(韓国《かんこく》)とは交流《こうりゅう》があったのだが、「開国《かいこく》を受《う》け入《い》れた日本《にほん》とは仲《なか》よくできない」と言《い》って交流《こうりゅう》を絶《た》たれてしまった。再《ふたた》び交流《こうりゅう》をしたいと明治政府《めいじせいふ》が申《もう》し入《い》れたのをすげなくつっぱねた朝鮮《ちょうせん》に腹《はら》をたて、「武力《ぶりょく》で開国《かいこく》させよう」と言《い》い出《だ》したのが、派遣《はけん》されて出《で》かけて行《い》った外交官《がいこうかん》の佐田白芽《さだはくぼう》という人物《じんぶつ》。それに木戸孝允《きどたかよし》が乗《の》っかってしまったので、西郷《さいごう》は「平和的《へいわてき》に*全権大使《ぜんけんたいし》を派遣《はけん》したらどうか」と提案《ていあん》した。なんなら自分《じぶん》が行《い》ってもいいとまで言《い》い、一度《いちど》は大使《たいし》に任命《にんめい》された西郷《さいごう》だったが、最終的《さいしゅうてき》には大使《たいし》の派遣《はけん》が中止《ちゅうし》されてしまった。

＊全権大使《ぜんけんたいし》…国《くに》を代表《だいひょう》する外交官《がいこうかん》のトップ。

みんな大好《だいす》き西郷《さいごう》どん

1873年《ねん》の征韓論争《せいかんろんそう》のあと、西郷《さいごう》は新政府《しんせいふ》を辞《や》め、鹿児島《かごしま》に戻《もど》った。西郷《さいごう》をしたっていた軍人《ぐんじん》や役人《やくにん》たちも行動《こうどう》をともにしたので、西郷《さいごう》は薩摩藩《さつまはん》の城《しろ》あとに私学校《しがっこう》を建《た》てた。みんなが意味《いみ》もなくぶらぶらしているのを見《み》かねたのだ。

みんな西郷《さいごう》の人柄《ひとがら》や知識《ちしき》に魅了《みりょう》されたのであろう、私学校《しがっこう》にはいつの間《ま》にやらどんどん人《ひと》が集《あつ》まった。分校《ぶんこう》もあわせると生徒《せいと》が約《やく》3万人《まんにん》にもなった私学校《しがっこう》は、「政府《せいふ》の力《ちから》がおよばない国家《こっか》のような組織《そしき》なのではないか」と新政府《しんせいふ》を恐《おそ》れさせ、西南戦争《せいなんせんそう》(→62ページ)へと結《むす》びついていった。

幕末事件簿《ばくまつじけんぼ》！

最後《さいご》の内乱《ないらん》 西南戦争《せいなんせんそう》

1877年《ねん》、西郷隆盛《さいごうたかもり》らの軍《ぐん》と新政府軍《しんせいふぐん》との間《あいだ》でおこった西南戦争《せいなんせんそう》。どんな戦《たたか》いだったのだろう？

背景《はいけい》

鹿児島《かごしま》へ帰《かえ》った西郷《さいごう》がつくった私学校《しがっこう》がだんだん巨大化《きょだいか》してきたため、大久保利通《おおくぼとしみち》（→104ページ）たち新政府《しんせいふ》は、いつか反乱《はんらん》するのではないかと危険視《きけんし》しはじめた。

発端《ほったん》

新政府《しんせいふ》は、西郷《さいごう》の留守《るす》の間《あいだ》に薩摩藩《さつまはん》から強引《ごういん》に武器《ぶき》を没収《ぼっしゅう》してしまった。そのうえ、新政府内《しんせいふない》で西郷《さいごう》の暗殺計画《あんさつけいかく》がもちあがっている情報《じょうほう》を知《し》った私学校《しがっこう》の幹部《かんぶ》は、怒《いか》り爆発《ばくはつ》！　鹿児島《かごしま》にあった新政府《しんせいふ》の陸軍火薬庫《りくぐんかやくこ》を襲撃《しゅうげき》し、大騒動《だいそうどう》に。

私学校《しがっこう》に戻《もど》った西郷《さいごう》は、今《いま》にも戦争《せんそう》をはじめようとする仲間《なかま》たちを止《と》めたが、怒《いか》り狂《くる》っている彼《かれ》らをおさえることはできなかった。

経緯《けいい》

1877年《ねん》2月《がつ》15日《にち》、大雪《おおゆき》のなか、西郷《さいごう》軍《ぐん》は出発《しゅっぱつ》した。しかし、熊本城《くまもとじょう》や田原坂《たばるざか》で政府軍《せいふぐん》と激戦《げきせん》をくり広《ひろ》げるものの、西郷軍《さいごうぐん》は苦戦《くせん》をしいられた。敗走《はいそう》を続《つづ》けた結果《けっか》、西郷《さいごう》は軍隊《ぐんたい》の解散《かいさん》を決意《けつい》した。

西郷《さいごう》は鹿児島《かごしま》に戻《もど》ったが、政府軍《せいふぐん》は追撃《ついげき》の手《て》をゆるめなかった。追《お》われた西郷《さいごう》らは私学校《しがっこう》にたてこもって戦《たたか》ったが、西郷軍《さいごうぐん》はもう限界《げんかい》だった。

終結《しゅうけつ》

最後《さいご》の戦《たたか》いのために西郷《さいごう》らが山《やま》を下《お》りる途中《とちゅう》、政府軍《せいふぐん》に撃《う》たれて西郷《さいごう》が負傷《ふしょう》する。西郷《さいごう》は「もうここでよか」と言《い》い、自分《じぶん》の首《くび》を切《き》らせて自害《じがい》した。これにより、日本最《にほんさい》後《ご》の内戦《ないせん》・西南戦争《せいなんせんそう》が終結《しゅうけつ》した。

自《みずか》らの仕事《しごと》をやりきったという実《じっ》感《かん》のある者《もの》は、命《いのち》の終《お》わりを悟《さと》ってジタバタせずに、静《しず》かに死《し》を受《う》け入《い》れるものなのかもしれない。

13

多《おお》くの志士《しし》たちをひきつけたカリスマ

勝海舟（かつ　かいしゅう）

生没年《せいぼつねん》

1823〜1899年《ねん》
(享年《きょうねん》77歳《さい》)

出身地《しゅっしんち》

武蔵国《むさしのくに》江戸《えど》

身分《みぶん》

幕臣《ばくしん》

家紋《かもん》

人物《じんぶつ》データ

体力《たいりょく》

知力《ちりょく》

忠義心《ちゅうぎしん》

ユーモア

モテ度《ど》

龍馬《りょうま》は「どれだけかしこいのかわからないくらいだ」と勝《かつ》をベタぼめした。

特技《とくぎ》
航海術《こうかいじゅつ》

武器《ぶき》
日本刀《にほんとう》

思想《しそう》
佐幕《さばく》・開国《かいこく》

死《し》に様《ざま》
病死《びょうし》

幕末《ばくまつ》から維新《いしん》を生《い》きぬいたカリスマ

幕末《ばくまつ》は、この人《ひと》なくしては語《かた》れない。多《おお》くの志士《しし》たちを魅了《みりょう》した勝海舟《かつかいしゅう》だ。若《わか》いころから勉学《べんがく》と剣術《けんじゅつ》に取《と》り組《く》み、身《み》につけた*蘭学《らんがく》・*洋学《ようがく》を生《い》かし幕府《ばくふ》の翻訳《ほんやく》の仕事《しごと》をひきうけるなど、その才能《さいのう》を十分《じゅうぶん》に発揮《はっき》した。

彼《かれ》のもっとも大《おお》きな功績《こうせき》は江戸城無血開城《えどじょうむけつかいじょう》(→70ページ)だろう。徳川慶喜《とくがわよしのぶ》(→140ページ)から託《たく》されて、新政府軍《しんせいふぐん》の西郷隆盛《さいごうたかもり》(→56ページ)と二度《にど》に渡《わた》り会談《かいだん》したのが勝《かつ》だった。維新後《いしんご》も新政府《しんせいふ》で役職《やくしょく》についた。かといって政府《せいふ》にべったりではなく、旧幕臣《きゅうばくしん》たちの就職《しゅうしょく》の世話《せわ》をしたり金銭《きんせん》を配《くば》ったりした。

病《やまい》におかされて死《し》ぬ間際《まぎわ》に「コレデオシマイ」という言葉《ことば》を残《のこ》したといわれている。なにもかもやりきって思《おも》い残《のこ》すことなし、といった人生《じんせい》だったように思《おも》える。

*蘭学《らんがく》…オランダの学問《がくもん》。 *洋学《ようがく》…ヨーロッパの学問《がくもん》。

もっと知《し》りたい！

勝海舟《かつかいしゅう》ってどんな人《ひと》？

日本《にほん》にも海軍《かいぐん》が必要《ひつよう》と考《かんが》えた

勝《かつ》が幕府《ばくふ》から洋書翻訳《ようしょほんやく》を任命《にんめい》されたのは、1853年《ねん》のペリー（↓192ページ）来航《らいこう》がきっかけだった。幕府《ばくふ》は外国《がいこく》の船《ふね》への対応方法《たいおうほうほう》を人々《ひとびと》から募集《ぼしゅう》したのだ。このとき勝《かつ》も意見書《いけんしょ》を提出《ていしゅつ》し、幕府《ばくふ》に認《みと》められ外国語《がいこくご》の翻訳《ほんやく》をする役職《やくしょく》についた。また、長崎《ながさき》にある海軍伝習所《かいぐんでんしゅうじょ》（士官学校《しかんがっこう》）で航海術《こうかいじゅつ》などを学《まな》ぶ機会《きかい》を得《え》た。その後《ご》、咸臨丸《かんりんまる》という軍艦《ぐんかん》の艦長《かんちょう》として渡米《とべい》するという仕事《しごと》（↓68ページ）をやってのけた。

海《うみ》と深《ふか》くかかわり外《がい》国《こく》の状況《じょうきょう》をも見《み》ることができた勝《かつ》は、日本《にほん》にも海軍《かいぐん》をつくろうとした。1864年《ねん》には神《こう》戸《べ》に海軍操練所《かいぐんそうれんじょ》を開《ひら》き、坂本龍馬《さかもとりょうま》（↓48ページ）もそこで船《ふね》の操作《そうさ》を身《み》につけていった。

金《かね》がなかったころの勝《かつ》は、蘭《らん》和辞書《わじしょ》を借《か》りて2冊分《さつぶん》書《か》きうつし、1冊《さつ》は売《う》って金《かね》にかえたという話《はなし》が残《のこ》っている。

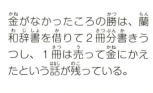

本当《ほんとう》？ 長生《ながい》きの秘訣《ひけつ》

勝《かつ》はとても健康《けんこう》で、真冬《まふゆ》でも火《ひ》にあたることはなかったという。勝《かつ》の健康法《けんこうほう》はからだのツボを小刀《こがたな》で刺《さ》して血《ち》をぬくというもの。自分《じぶん》で後《こう》頭部《とうぶ》や指《ゆび》の血《ち》をぬいていたというが、本当《ほんとう》にからだにいいものなの？ あやしい……。

★まねしないでね！

広《ひろ》すぎるでしょ!? 幕府《ばくふ》の意見募集《いけんぼしゅう》

ペリー来航《らいこう》のとき、幕府《ばくふ》は外交《がいこう》問題《もんだい》について庶民《しょみん》にまで広《ひろ》く広《ひろ》く意見《いけん》をもとめた。寄《よ》せられた意見《いけん》書《しょ》は700通《つう》にのぼったという。

たとえば、飲《の》み屋《や》の主人《しゅじん》などは「酒《さけ》を飲《の》ませて眠《ねむ》らせ、まぐろ包丁《ぼうちょう》でメッタ斬《ぎ》りにすればいい」などという冗談《じょうだん》か本気《ほんき》かわからないような意見書《いけんしょ》を出《だ》したという。勝《かつ》や西郷《さいごう》のような人物《じんぶつ》がいなかったら、このような意見《いけん》が通《とお》っていた……？

咸臨丸《かんりんまる》で渡米《とべい》、太平洋《たいへいよう》を横断《おうだん》する

1860年《ねん》、日米修好通商条約《にちべいしゅうこうつうしょうじょうやく》(幕府《ばくふ》とアメリカとの間《あいだ》で結《むす》ばれた条約《じょうやく》。↓194ページ)の内容《ないよう》をしたためた文書《ぶんしょ》をアメリカ・ワシントンへもっていくことになった。

このとき、海軍操練所《かいぐんそうれんじょ》で重要《じゅうよう》ポストについていた勝《かつ》が、使者《ししゃ》を乗《の》せたアメリカ軍艦《ぐんかん》に随行《ずいこう》するために咸臨丸《かんりんまる》(幕府《ばくふ》が所有《しょゆう》していた軍艦《ぐんかん》)に乗《の》って太平洋《たいへいよう》を横断《おうだん》することになった。これが日本《にほん》の船《ふね》による最初《さいしょ》の太平洋横断《たいへいようおうだん》である。勝《かつ》はこの仕事《しごと》を達成《たっせい》したことをたたえられ、1864年《ねん》に軍艦奉行《ぐんかんぶぎょう》の役職《やくしょく》についた。

大《おお》きな仕事《しごと》をなしとげた勝《かつ》だったが、幕府側《ばくふがわ》は不満《ふまん》だった。勝《かつ》が操練所《そうれんじょ》を幕府《ばくふ》に独占《どくせん》させるのではなく、他藩《たはん》の藩士《はんし》や浪士《ろうし》をも受《う》け入《い》れていたことが気《き》に入《い》らなかったのだ。そして勝《かつ》は

軍艦奉行《ぐんかんぶぎょう》を辞《や》めさせられ、操練所《そうれんじょ》もしめられてしまったのだった。

だがもう一度《いちど》勝《かつ》に転機《てんき》が訪《おとず》れる。長州藩《ちょうしゅうはん》との調停役《ちょうていやく》に、勝《かつ》が抜擢《ばってき》されたのだ。1868年《ねん》には、徳川慶喜《とくがわよしのぶ》（→140ページ）に全権《ぜんけん》を託《たく》され、江戸《えど》に攻《せ》めこもうとしていた西郷隆盛《さいごうたかもり》（→56ページ）と会談《かいだん》、江戸城無血開城《えどじょうむけつかいじょう》（→70ページ）を実現《じつげん》させた。

コレデ オシマイ

1899年《ねん》1月《がつ》、風呂《ふろ》あがりに倒《たお》れた勝《かつ》は、女中《じょちゅう》にしょうが湯《ゆ》をもってくるように命《めい》じた。あわてていた女中《じょちゅう》は、しょうが湯《ゆ》ではなくすぐに出《だ》せるブランデーを一口《ひとくち》飲《の》ませた。すると勝《かつ》は「コレデオシマイ」という言葉《ことば》を残《のこ》して意識《いしき》を失《うしな》い、死亡《しぼう》したという。77歳《さい》、死因《しいん》は脳溢血《のういっけつ》だった。

江戸城無血開城《えどじょうむけつかいじょう》

1868年《ねん》、新政府軍《しんせいふぐん》が江戸《えど》にせまった。江戸《えど》の町《まち》を戦場《せんじょう》にしないため、勝《かつ》と西郷《さいごう》が話《はな》しあいをしたのだ。

新政府軍《しんせいふぐん》、江戸《えど》へ進軍《しんぐん》

1868年《ねん》1月《がつ》の鳥羽《とば》・伏見《ふしみ》の戦《たたか》い（→44ページ）に勝《か》ったのは新政府軍《しんせいふぐん》だった。新政府軍《しんせいふぐん》は、さらに西郷隆盛《さいごうたかもり》（→56ページ）を先頭《せんとう》に、江戸《えど》にむかって兵《へい》を進《すす》めた。ここで活躍《かつやく》したのが旧幕《きゅうばく》府軍《ふぐん》の代表《だいひょう》・勝《かつ》と新政府軍《しんせいふぐん》の代表《だいひょう》・西郷《さいごう》だった。

まず勝《かつ》は山岡鉄舟《やまおかてっしゅう》（→165ページ）を使者《ししゃ》として新政府軍《しんせいふぐん》に送《おく》った。交渉《こうしょう》にあたった西郷《さいごう》は、将軍《しょうぐん》を岡山藩《おかやまはん》に渡《わた》すこと、江戸城《えどじょう》を明《あ》け渡《わた》すこと、兵器《へいき》をひき渡《わた》すことなど7つの条件《じょうけん》を出《だ》した。条件《じょうけん》をのめば江戸《えど》を襲《おそ》わないというのだ。

二度《にど》の会談《かいだん》でゆずりあう

その後《ご》、勝《かつ》と西郷《さいごう》の会談《かいだん》が行《おこな》われる。2日間《かかん》に渡《わた》る会談《かいだん》だったが、1日目《にちめ》は茶《ちゃ》を飲《の》んで雑談《ざつだん》して終《お》わったという。

条件《じょうけん》について話《はな》しあったのは2日目《かめ》で、旧幕《きゅうばく》府側《ふがわ》は慶喜《よしのぶ》のひき渡《わた》しをのぞきほぼ条件《じょうけん》を受《う》け入《い》れ、新政府側《しんせいふがわ》は徳川家《とくがわけ》の存続《そんぞく》を認《みと》めるという形《かたち》でゆずりあった。

1日目《にちめ》は楽《たの》しく話《はな》しただけ、というのは話《はな》しあいをスムーズにもっていくためになされた心《しん》理戦《りせん》だろう。こうして、江戸《えど》は総攻撃《そうこうげき》をされることをまぬがれたのだった。

また、勝《かつ》と西郷《さいごう》はこの数年前《すうねんまえ》に意気投合《いきとうごう》していて、彼《かれ》らが交渉《こうしょう》にあたったことも無血開城《むけつかいじょう》成《せい》功《こう》のカギとなった。勝《かつ》はのちに「維新《いしん》のことはおいらと西郷《さいごう》でやったのさ」と語《かた》っていたという。

維新《いしん》のヒーローたち

ペリーの黒船《くろふね》が日本《にほん》にやってきたことで外《がい》国《こく》を排除《はいじょ》しようとする考《かんが》えが満《み》ちあふれ、日《に》本国内《ほんこくない》が荒《あ》れに荒《あ》れた時代《じだい》。荒《あ》れたからこそ、多《おお》くのヒーローが生《う》まれた時代《じだい》でもあった。

尊王攘夷思想《そんのうじょういしそう》を展開《てんかい》した長州藩《ちょうしゅうはん》と薩摩藩《さつまはん》。京都《きょうと》と幕府《ばくふ》を守《まも》ろうとした会津藩《あいづはん》。朝廷《ちょうてい》の敵《てき》とみなされた幕府《ばくふ》――。彼《かれ》らは手《て》を組《く》んだり敵対《てきたい》したりしながら、ひとつの時代《じだい》をつくりあげていった。

死《し》んでいった者《もの》ばかりではない。明治時代《めいじじだい》まで生《い》きぬき、新政府《しんせいふ》で活躍《かつやく》した者《もの》もいる。今《いま》の近代的《きんだいてき》な日本《にほん》の土台《どだい》をつくりあげた維新《いしん》のヒーローたち、さあ、とくとご覧《らん》あれ！

次《つぎ》のページから

維新《いしん》のヒーローたち①

長州藩《ちょうしゅうはん》のヒーロー

14

過激《かげき》な尊王攘夷派《そんのうじょういは》から初代総理大臣《しょだいそうりだいじん》へ

伊藤博文（いとう　ひろぶみ）

生没年《せいぼつねん》

1841～1909年《ねん》
（享年《きょうねん》69歳《さい》）

出身地《しゅっしんち》

周防国《すおうのくに》束荷村《つかりむら》

身分《みぶん》

長州藩士《ちょうしゅうはんし》

家紋《かもん》

人物《じんぶつ》データ

体力《たいりょく》
■■■■□

知力《ちりょく》
■■■■■

忠義心《ちゅうぎしん》
■■■■□

ユーモア
■□□□□

モテ度《ど》
■■■■□

初代内閣総理大臣《しょだいないかくそうりだいじん》をつとめたのだから、知力《ちりょく》やモテ度《ど》は高《たか》め！

特技《とくぎ》
英語《えいご》

武器《ぶき》
交渉術《こうしょうじゅつ》

思想《しそう》
尊王攘夷《そんのうじょうい》→倒幕《とうばく》

死《し》に様《ざま》
ハルビン（中国東北部《ちゅうごくとうほくぶ》）にて暗殺《あんさつ》

初代内閣総理大臣《しょだいないかくそうりだいじん》は、もと過激派《かげきは》

農家《のうか》の生《う》まれだったが、父親《ちちおや》が武士《ぶし》の養子《ようし》になったため、足軽《あしがる》（身分《みぶん》の低《ひく》い武士《ぶし》）となる。若《わか》くして松下村塾《しょうかそんじゅく》（→89ページ）で学《まな》び、吉田松陰《よしだしょういん》（→86ページ）の弟子《でし》となった。ここで高杉晋作《たかすぎしんさく》（→82ページ）と知《し》りあい、木戸孝《きどたか》允《よし》（→78ページ）に気《き》に入《い》られ、尊王攘夷《そんのうじょうい》、倒《とう》幕《ばく》の活動《かつどう》を活発《かっぱつ》に行《おこな》った。江戸品川《えどしながわ》のイギリス公使館《こうしかん》を焼《や》き打《う》ちし、敵対《てきたい》していた学者《がくしゃ》・塙次郎《はなわじろう》を暗殺《あんさつ》した。

イギリスへの留学経験《りゅうがくけいけん》を生《い》かし、通訳《つうやく》として海外《かいがい》との交渉《こうしょう》にあたるなど、知力《ちりょく》を生《い》かした活躍《かつやく》も。明治維新後《めいじいしんご》は大久保利通《おおくぼとしみち》（→104ページ）に協力《きょうりょく》し、近代化《きんだいか》を推進《すいしん》。大《おお》久保《くぼ》の死後《しご》はさらに伊藤《いとう》が影響力《えいきょうりょく》をもった。はれて初《はつ》の総理大臣《そうりだいじん》となるも、のちに暗殺《あんさつ》されてこの世《よ》を去《さ》った。

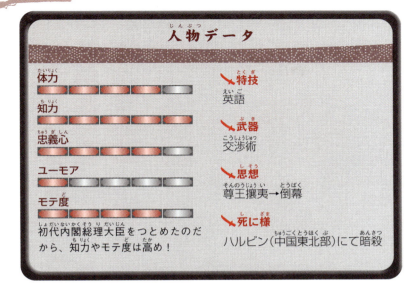

もっと知《し》りたい！

伊藤博文《いとうひろぶみ》ってどんな人《ひと》？

総理大臣《そうりだいじん》を4回《かい》つとめあげる

伊藤《いとう》が内閣総理大臣《ないかくそうりだいじん》をつとめたのは4回《かい》。明《めい》治憲法《じけんぽう》の制定《せいてい》にも力《ちから》をつくした。昭和《しょうわ》になってからお札《さつ》の肖像画《しょうぞうが》になったのを「私《わたし》の偉業《いぎょう》が昭《しょう》和《わ》の人々《ひとびと》に伝《つた》わったか」などと、伊藤《いとう》も天《てん》から見《み》ていただろうか。

コンプレックスが名前《なまえ》にあらわれた？

伊藤《いとう》の子《こ》どものころの名《な》は「林利助《はやしりすけ》」といい、家《いえ》は貧《まず》しい農家《のうか》だった。父親《ちちおや》が養子《ようし》になった関係《かんけい》で伊藤姓《いとうせい》になり、その後《ご》、利介《りすけ》、利輔《りすけ》、俊輔《しゅんすけ》と何度《なんど》も改名《かいめい》した。明治維新後《めいじいしんご》には博文《ひろぶみ》と名乗《なの》り、総理大《そうりだい》臣就任後《じんしゅうにんご》は自分《じぶん》の素性《すじょう》が知《し》られている故郷《こきょう》の地《ち》はほぼ訪《おとず》れなかったとか。

昭和《しょうわ》38年《ねん》から千円札《せんえんさつ》の肖像画《しょうぞうが》になるなど、昭和《しょうわ》を過《す》ごした人《ひと》にとっては身近《みぢか》な存在《そんざい》。

通訳《つうやく》として活躍《かつやく》し、実績《じっせき》をあげる

1864年《ねん》の四国艦隊下関砲撃事件《しこくかんたいしものせきほうげきじけん》（↓94ページ）の和平交渉《わへいこうしょう》で英語力《えいごりょく》を発揮《はっき》した伊藤《いとう》。交渉《こうしょう》の場《ば》には高杉晋作《たかすぎしんさく》（↓82ページ）もいて、高杉《たかすぎ》が話《はな》す難《むずか》しい日本語《にほんご》を英語《えいご》に訳《やく》すのにとても苦労《くろう》したとか。

このとき長州藩《ちょうしゅうはん》は多額《たがく》の賠償請求《ばいしょうせいきゅう》をされたが、高杉《たかすぎ》とともに「攘夷《じょうい》は幕府《ばくふ》の命令《めいれい》である」と幕府《ばくふ》に責任《せきにん》があるように印象《いんしょう》づけた。こういった頭《あたま》の回転《かいてん》のよさを木戸孝允《きどたかよし》（↓78ページ）に認《みと》められ、のちの後継者《こうけいしゃ》に指名《しめい》された。

ポルトガル人《じん》のデポナーさん？

木戸《きど》のはからいで行《い》ったイギリス留学《りゅうがく》から帰《かえ》った伊藤《いとう》は、幕府《ばくふ》の役人《やくにん》をだますために「デポナー」という名《な》を使《つか》っていた。日本人《にほんじん》に似《に》た顔《かお》はしているが実《じつ》はポルトガル人《じん》である、というふりをしていたというのだ。役人《やくにん》の前《まえ》では一切《いっさい》日本語《にほんご》を使《つか》わなかったのだろうか。それとも「ワタシ、ワカリマセ～ン」とか、カタコトの日本語《にほんご》で話《はな》していたのだろうか？

15

イケメンで秀才《しゅうさい》な長州藩《ちょうしゅうはん》のリーダー

木戸孝允（桂小五郎）

（きど たかよし（かつら こごろう））

生没年《せいぼつねん》

1833〜1877年《ねん》
(享年《きょうねん》45歳《さい》)

出身地《しゅっしんち》

長門国萩《ながとのくにはぎ》

身分《みぶん》

長州藩士《ちょうしゅうはんし》

家紋《かもん》

人物《じんぶつ》データ

体力《たいりょく》

知力《ちりょく》

忠義心《ちゅうぎしん》

ユーモア ふっ

モテ度《ど》

子《こ》どものころからからだが弱《よわ》かったため体力度《たいりょくど》は低《ひく》い。知力度《ちりょくど》は文句《もんく》なしの５！

特技《とくぎ》
剣術《けんじゅつ》（神道《しんとう》無《む》念流《ねんりゅう》）

武器《ぶき》
日本刀《にほんとう》・逃《に》げ足《あし》・外見《がいけん》

思想《しそう》
尊王攘夷《そんのうじょうい》→倒幕《とうばく》

死《し》に様《ざま》
病死《びょうし》

病弱《びょうじゃく》な少年《しょうねん》から剣豪《けんごう》へ、そして尊王攘夷派《そんのうじょういは》のリーダーへ

木戸孝允《きどたかよし》は桂小五郎《かつらこごろう》という名《な》でも知《し》られ、明治維新後《めいじいしんご》の政府《せいふ》の基礎《きそ》をつくった重要人物《じゅうようじんぶつ》。医者《いしゃ》の家《いえ》に生《う》まれた秀才《しゅうさい》で、からだは弱《よわ》かったものの、剣術《けんじゅつ》を学《まな》びはじめるとめきめきと腕《うで》をあげ、剣豪《けんごう》として知《し》られるように。その腕前《うでまえ》は江戸《えど》の有名《ゆうめい》な道場《どうじょう》のひとつで塾頭《じゅくとう》（指導者《しどうしゃ》）をつとめたほど。

吉田松陰《よしだしょういん》（→86ページ）について*兵学《へいがく》を学《まな》び、その後《ご》も西洋兵学《せいようへいがく》、造船術《ぞうせんじゅつ》、英語《えいご》などを身《み》につけ、知力《ちりょく》にみがきをかけた。そして久坂玄瑞《くさかげんずい》（→90ページ）らと力《ちから》をあわせて倒幕運動《とうばくうんどう》を行《おこな》い新国家樹立《しんこっかじゅりつ》に力《ちから》をそそいだ。

彼《かれ》は「維新三傑《いしんさんけつ》」として華《はな》やかな活躍《かつやく》をした3名《めい》のうちの一人《ひとり》にあげられるイケメンヒーローなのだ！

＊兵学《へいがく》…戦《たたか》いの方法《ほうほう》を説《と》いた学問《がくもん》。

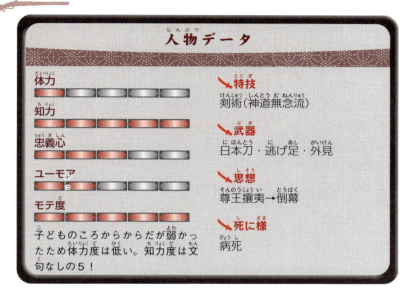

もっと知《し》りたい！

木戸孝允《きどたかよし》ってどんな人《ひと》？

柔軟《じゅうなん》な考《かんが》えで近代化《きんだいか》を進《すす》めた尊攘派《そんじょうは》

木戸《きど》は尊王攘夷派《そんのうじょういは》とはいえ、外国《がいこく》のよい文化《ぶんか》は積極的《せっきょくてき》に取《と》り入《い》れたいと考《かんが》える柔軟《じゅうなん》さをもっていた。伊藤博文《いとうひろぶみ》（→74ページ）らをこっそりとイギリスへ留学《りゅうがく》させるなど、独自《どくじ》の動《うご》きをみせ、日本《にほん》の近代《きんだい》化《か》を進《すす》めた。

秀才《しゅうさい》イケメンはモテモテ？

木戸《きど》は身長《しんちょう》174センチほどで、当時《とうじ》としてはかなりの長身《ちょうしん》。また、若《わか》いころの写真《しゃしん》を見《み》ると、かなりのイケメンだ。命《いのち》の危険《きけん》を感《かん》じたとき、芸者《げいしゃ》だった幾松《いくまつ》（のちの木戸夫人《きどふじん》・松子《まつこ》→179ページ）にかくまってもらったこともあるというから、この外見《がいけん》も彼《かれ》の武器《ぶき》のひとつだったのかも？

彼《かれ》は剣豪《けんごう》だったが、めったなことでは戦《たたか》わず「逃《に》げの小五郎《こごろう》」といわれた。能《のう》ある鷹《たか》は爪《つめ》を隠《かく》す、といったところか。

薩長同盟《さっちょうどうめい》のために交渉《こうしょう》

木戸《きど》は尊王攘夷派《そんのうじょういは》のリーダーとして、坂本《さかもと》龍馬《りょうま》（→48ページ）、勝海舟《かつかいしゅう》（→64ページ）らと交流《こうりゅう》をもった。文久《ぶんきゅう》の政変《せいへん》（→93ページ）のときはあえて京都《きょうと》にとどまって、長州藩《ちょうしゅうはん》の信頼《しんらい》を回復《かいふく》するために動《うご》いた。

また、薩摩藩《さつまはん》と長州藩《ちょうしゅうはん》が対立《たいりつ》しているときも、龍馬《りょうま》を通《つう》じて薩摩藩《さつまはん》と交渉《こうしょう》。西郷隆盛《さいごうたかもり》（→56ページ）と薩《さっ》長同盟《ちょうどうめい》を結《むす》ぶという成果《せいか》をあげた。この同盟《どうめい》により、薩摩藩《さつまはん》と長州藩《ちょうしゅうはん》は倒幕《とうばく》という路線《ろせん》で一致《いっち》したのだった。

西郷《さいごう》に言葉《ことば》を残《のこ》して病死《びょうし》

1877年《ねん》、木戸《きど》は病気《びょうき》で息《いき》をひきとる。このときは西南戦争《せいなんせんそう》（→62ページ）が勃発《ぼっぱつ》したばかり。彼《かれ》は「西郷《さいごう》よ、いい加減《かげん》にしないか」と言葉《ことば》を残《のこ》したという。もう戦《たたか》いはこりごりだと思《おも》いながらの最期《さいご》だったのだろうか。

16

負《ま》けず嫌《ぎら》いの長州藩《ちょうしゅうはん》の暴《あば》れん坊《ぼう》

高杉晋作（たかすぎ　しんさく）

生没年《せいぼつねん》

1839〜1867年《ねん》
(享年《きょうねん》29歳《さい》)

出身地《しゅっしんち》

長門国萩《ながとのくにはぎ》

身分《みぶん》

長州藩士《ちょうしゅうはんし》

家紋《かもん》

人物《じんぶつ》データ

体力《たいりょく》

知力《ちりょく》

忠義心《ちゅうぎしん》

ユーモア

モテ度《ど》

将軍《しょうぐん》の行列《ぎょうれつ》に罵声《ばせい》をあびせるなど、ある意味《いみ》ユーモア精神《せいしん》にあふれているといってもいい。

特技《とくぎ》

剣術《けんじゅつ》（柳生新陰流《やぎゅうしんかげりゅう》）・交渉術《こうしょうじゅつ》

武器《ぶき》

日本刀《にほんとう》・銃《じゅう》

思想《しそう》

尊王攘夷《そんのうじょうい》→倒幕《とうばく》

死《し》に様《ざま》

病死《びょうし》

やんちゃな若者《わかもの》、幕府《ばくふ》と戦《たたか》う

高杉晋作《たかすぎしんさく》も、吉田松陰《よしだしょういん》（→86ページ）の松下村塾《しょうかそんじゅく》（→89ページ）に学《まな》んだ一人《ひとり》だ。24歳《さい》のとき、藩《はん》の命令《めいれい》で清《しん》（中国《ちゅうごく》）・上海《シャンハイ》を訪問《ほうもん》し、イギリスの植民地《しょくみんち》（外国《がいこく》に侵略《しんりゃく》され、支配《しはい》されている土地《とち》）のようになっている状況《じょうきょう》を目《ま》のあたりにした。日本《にほん》もいずれ同《おな》じようになるのではと考《かんが》え、尊王攘夷派《そんのうじょういは》に。

その後《ご》、イギリス公使館《こうしかん》を焼《や》き打《う》ちしたり、将軍《しょうぐん》の行列《ぎょうれつ》にむかって罵声《ばせい》をあびせたりと、過激《かげき》な運動《うんどう》を展開《てんかい》。それらが原因《げんいん》で謹慎処分《きんしんしょぶん》にも。また、幕府《ばくふ》に対《たい》する藩《はん》の態度《たいど》に納得《なっとく》がいかなかったときはクーデター（功山寺挙兵《こうざんじきょへい》→85ページ）をおこすなど、勇敢《ゆうかん》に戦《たたか》った。

最終的《さいしゅうてき》には藩《はん》の実権《じっけん》をにぎった高杉《たかすぎ》だったが、結核《けっかく》により29歳《さい》で病死《びょうし》。もう少《すこ》し長生《ながい》きしていたら、もっと暴《あば》れまわっていたかも。

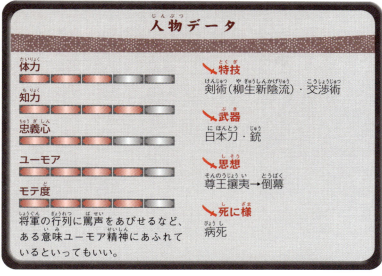

もっと知《し》りたい!

高杉晋作《たかすぎしんさく》ってどんな人《ひと》?

「おもしろき　こともなき世《よ》に
おもしろく……」高杉《たかすぎ》が死《し》ぬ前《まえ》に詠《よ》んだ歌《うた》だが、最後《さいご》まで詠《よ》みきれなかった。

少年晋作《しょうねんしんさく》、武士《ぶし》なんて怖《こわ》くない!!

高杉《たかすぎ》が少年時代《しょうねんじだい》の話《はなし》。たこあげをして遊《あそ》んでいたとき、目上《めうえ》の武士《ぶし》にたこを踏《ふ》みつぶされてしまった。怒《おこ》った高杉《たかすぎ》は武士《ぶし》に「あやまれ!」といどみ、見事《みごと》武《ぶ》士《し》をあやまらせたという。歴史《れきし》に名《な》を残《のこ》す人《ひと》は、少年《しょうねん》のときから一味違《ひとあじちが》う?

奇兵隊《きへいたい》を結成《けっせい》!

アメリカやフランスから攻撃《こうげき》をうけて、外国《がいこく》の武力《ぶりょく》との差《さ》を見《み》せつけられた長州藩《ちょうしゅうはん》。高杉《たかすぎ》はこのとき奇兵隊《きへいたい》の結成《けっせい》を提案《ていあん》。これが藩主《はんしゅ》に採用《さいよう》されて、1863年《ねん》に高杉《たかすぎ》は奇兵隊《きへいたい》の初代総督《しょだいそうとく》についたのだった。

高杉《たかすぎ》は武士《ぶし》や農民《のうみん》などの身分《みぶん》に関係《かんけい》なく、強《つよ》い兵士《へいし》を募集《ぼしゅう》し、倒幕《とうばく》にむけて活躍《かつやく》した。

下関戦争《しものせきせんそう》のあとでみせたやわらか頭《あたま》

伊藤博文《いとうひろぶみ》（→74ページ）が通訳《つうやく》をつとめた、四国艦隊下関砲撃事件《しこくかんたいしものせきほうげきじけん》（→94ページ）後《ご》の和平《わへい》交渉《こうしょう》。このとき高杉《たかすぎ》は、わざと難《むずか》しい日本語《にほんご》を使《つか》い、相手《あいて》をのらりくらりとかわして交渉《こうしょう》を長《なが》びかせた。相手《あいて》をけむに巻《ま》くようなやりとりができるのだから、高杉《たかすぎ》はきっとやわらかい頭《あたま》のもち主《ぬし》だったのだろう。

禁門《きんもん》の変《へん》

文久《ぶんきゅう》の政変《せいへん》（→93ページ）で京都《きょうと》を追放《ついほう》されていた長州藩士《ちょうしゅうはんし》の一部《いちぶ》が、長州藩《ちょうしゅうはん》の地位《ちい》を回復《かいふく》しようと戦《たたか》いをおこした事件《じけん》。京都《きょうと》で市街《しがい》戦《せん》がくり広《ひろ》げられ、長州藩《ちょうしゅうはん》が敗北《はいぼく》した。

高杉《たかすぎ》がおこしたクーデター「功山寺挙兵《こうざんじきょへい》」

1864年《ねん》の禁門《きんもん》の変《へん》のあと、幕府《ばくふ》は長州《ちょうしゅう》藩《はん》を討《う》つと決定《けってい》し、長州藩《ちょうしゅうはん》の幹部《かんぶ》は戦《たたか》わずに降伏《こうふく》してしまった。藩《はん》の判断《はんだん》に納得《なっとく》がいかなかった高杉《たかすぎ》はクーデターを決意《けつい》。このとき高杉《たかすぎ》に賛同《さんどう》する者《もの》はほとんどなく、かろうじて集《あつ》まった同志《どうし》は、伊藤博文《いとうひろぶみ》（→74ページ）などわずか80名《めい》。

圧倒的《あっとうてき》に不利《ふり》でも高杉《たかすぎ》はあきらめることなく勝負《しょうぶ》をいどみ、戦《たたか》いを重《かさ》ねるうちに仲間《なかま》が増《ふ》えて反乱軍《はんらんぐん》は大勢力《だいせいりょく》となった。クーデターは成功《せいこう》し、高杉《たかすぎ》は藩《はん》の実権《じっけん》をにぎったのだった。

17

多《おお》くの人材《じんざい》を輩出《はいしゅつ》した松下村塾《しょうかそんじゅく》の塾長《じゅくちょう》

吉田松陰（よしだ しょういん）

生没年《せいぼつねん》

1830～1859年《ねん》
(享年《きょうねん》30歳《さい》)

出身地《しゅっしんち》

長門国萩《ながとのくにはぎ》

身分《みぶん》

長州藩士《ちょうしゅうはんし》

家紋《かもん》

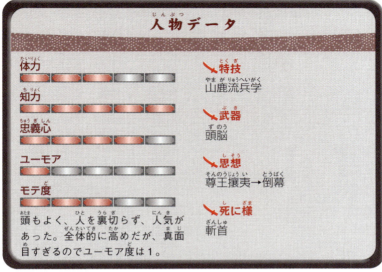

人物《じんぶつ》データ

体力《たいりょく》

知力《ちりょく》

忠義心《ちゅうぎしん》

ユーモア

モテ度《ど》

頭《あたま》もよく、人《ひと》を裏切《うらぎ》らず、人気《にんき》があった。全体的《ぜんたいてき》に高《たか》めだが、真面目《まじめ》すぎるのでユーモア度《ど》は1。

特技《とくぎ》

山鹿流兵学《やまがりゅうへいがく》

武器《ぶき》

頭脳《ずのう》

思想《しそう》

尊王攘夷《そんのうじょうい》→倒幕《とうばく》

死《し》に様《ざま》

斬首《ざんしゅ》

秀才《しゅうさい》、真面目《まじめ》で非《ひ》の打《う》ちどころなし？

松下村塾《しょうかそんじゅく》（↓89ページ）の塾長《じゅくちょう》として知《し》られる吉田松陰《よしだしょういん》は、武士《ぶし》の家《いえ》に生《う》まれ、子《こ》どものころから学問《がくもん》に親《した》しんで育《そだ》った。勉強《べんきょう》が大好《だいす》きで、9歳《さい》で藩《はん》の学校《がっこう》で教授見習《きょうじゅみなら》いに、10歳《さい》で教授《きょうじゅ》になり、11歳《さい》では兵学《へいがく》を大人《おとな》たちに講《こう》義《ぎ》したというから、ものすごい秀才《しゅうさい》だ。もし、小学校《しょうがっこう》の児童会長《じどうかいちょう》をやっていましたなんて自慢《じまん》したら、そうですかとスルーされてしまいそう。

25歳《さい》のときに海外《かいがい》の事情《じじょう》を知《し》るために密航《みっこう》（こっそり他国《たこく》に入《はい》ること）しようとして失《しっ》敗《ぱい》。その後《ご》松下村塾《しょうかそんじゅく》の塾長《じゅくちょう》となり、多《おお》くの弟《で》子《し》たちが集《つど》った。しかし、どんどん過激派《かげきは》に傾《かたむ》いていったため、安政《あんせい》の大獄《たいごく》（↓156ページ）で逮捕《たいほ》され、井伊直弼《いいなおすけ》（↓154ページ）の命令《めいれい》により、1859年《ねん》に斬首《ざんしゅ》された。

もっと知《し》りたい！

吉田松陰《よしだしょういん》ってどんな人《ひと》？

秀才《しゅうさい》を育《そだ》てたおじさん

松陰《しょういん》はおじの玉木文之進《たまきぶんのしん》から厳《きび》しい教育《きょういく》をうけた。それは勉強《べんきょう》だけではなく、精神《せいしん》もきたえることだった。たとえば、書物《しょもつ》をていねいにあつかわないとなぐられる。近《ちか》づいてきたハエを手《て》ではらうと、勉強中《べんきょうちゅう》に動揺《どうよう》するなとなぐられる。それでも学《まな》ぶことが大好《だいす》きだった松陰《しょういん》は、せっせと勉学《べんがく》にはげんだという。

すぐ自首《じしゅ》する正直者《しょうじきもの》

1853年《ねん》、日本《にほん》に黒船《くろふね》がやってきたとき、海外《かいがい》の事情《じじょう》を知《し》りたかった松陰《しょういん》は密航《みっこう》しようとしたが失敗《しっぱい》。だが松陰《しょういん》は逃《に》げも隠《かく》れもしなかった。

翌日《よくじつ》、法《ほう》に触《ふ》れる行動《こうどう》をしたことを奉行所《ぶぎょうしょ》に自首《じしゅ》した。当時《とうじ》、密航《みっこう》は死刑《しけい》になるほどの罪《つみ》だったが、1年間投獄《ねんかんとうごく》されるだけで許《ゆる》されたのだ。

多《おお》くの人材《じんざい》を輩出《はいしゅつ》した松陰《しょういん》の松下村塾《しょうかそんじゅく》は、実《じつ》はたった3年《ねん》たらずで終了《しゅうりょう》したのだった。

脱藩者《だっぱんしゃ》あつかいされても友情《ゆうじょう》は大切《たいせつ》!

当時《とうじ》、日本国内《にほんこくない》を旅《たび》するときには「通行手形《つうこうてがた》」という許可証《きょかしょう》が必要《ひつよう》だった。松陰《しょういん》は仲間《なかま》とともに、東北地方《とうほくちほう》を視察《しさつ》する予定《よてい》をたてていたが、手違《てちが》いで通行手形《つうこうてがた》に問題《もんだい》が発生《はっせい》。再発行《さいはっこう》には時間《じかん》がかかる。待《ま》たせては仲間《なかま》に迷惑《めいわく》がかかると判断《はんだん》した彼《かれ》は手形《てがた》なしで国内《こくない》を移動《いどう》し、そのために脱藩者《だっぱんしゃ》あつかいとされてしまった。

松下村塾《しょうかそんじゅく》ってなに?

松陰《しょういん》のおじ・玉木文之進《たまきぶんのしん》が設立《せつりつ》した私塾《しじゅく》で、松陰自身《しょういんじしん》もここで学《まな》び、27歳《さい》で塾《じゅく》を継《つ》いだ。農民《のうみん》でも武士《ぶし》でも分《わ》けへだてなく塾生《じゅくせい》としてむかえ、教育《きょういく》を行《おこな》った。

有名《ゆうめい》な塾生《じゅくせい》に、高杉晋作《たかすぎしんさく》(↓82ページ)、久坂玄瑞《くさかげんずい》(↓90ページ)、吉田稔麿《よしだとしまろ》(↓101ページ)、入江九一《いりえくいち》(↓102ページ)などがいた。この4人《にん》は「松下村塾《しょうかそんじゅく》の四天王《してんのう》」といわれるほどの秀才《しゅうさい》ぶりだったという。幕末《ばくまつ》の優秀《ゆうしゅう》な志士《しし》を多《おお》く輩出《はいしゅつ》した松下村塾《しょうかそんじゅく》。新《しん》時代《じだい》を築《きず》く大《おお》きな役割《やくわり》を果《は》たしたことは言《い》うまでもない。

18

久坂玄瑞（くさか　げんずい）

禁門《きんもん》の変《へん》で自害《じがい》した松陰《しょういん》の愛弟子《まなでし》

生没年《せいぼつねん》

1840〜1864年《ねん》
(享年《きょうねん》25歳《さい》)

出身地《しゅっしんち》

長門国萩《ながとのくにはぎ》

身分《みぶん》

長州藩士《ちょうしゅうはんし》

家紋《かもん》

人物《じんぶつ》データ

体力《たいりょく》
■■■□□

知力《ちりょく》
■■■■■

忠義心《ちゅうぎしん》
■■■■□

ユーモア
■■□□□

モテ度《ど》
■■■□□

吉田松陰《よしだしょういん》お墨《すみ》つきの頭《あたま》のよさ。師《し》匠《しょう》の意思《いし》を継《つ》いで戦《たたか》ったので忠義《ちゅうぎ》心《しん》は高《たか》め。

特技《とくぎ》
和歌《わか》・詩吟《しぎん》

武器《ぶき》
日本刀《にほんとう》・頭脳《ずのう》

思想《しそう》
尊王攘夷《そんのうじょうい》→倒幕《とうばく》

死《し》に様《ざま》
自害《じがい》

松下村塾《しょうかそんじゅく》の双璧《そうへき》とよばれ師匠《ししょう》の思想《しそう》をうけ継《つ》ぐ

松下村塾《しょうかそんじゅく》（→89ページ）で学《まな》び、高杉晋作《たかすぎしんさく》（→82ページ）とともに「村塾《そんじゅく》の双璧《そうへき》」とよばれた秀才《しゅうさい》。師匠《ししょう》の吉田松陰《よしだしょういん》（→86ページ）は久坂《くさか》を高《たか》く評価《ひょうか》し「玄瑞《げんずい》の才能《さいのう》は藩内《はんない》で一番《いちばん》」だと言《い》い、高杉《たかすぎ》を嫉妬《しっと》させた。

安政《あんせい》の大獄《たいごく》（→156ページ）で松陰《しょういん》が処刑《しょけい》されると、亡《な》き師匠《ししょう》のあとを継《つ》いで尊王攘夷《そんのうじょうい》の活動《かつどう》に深《ふか》く関係《かんけい》していった。高杉《たかすぎ》らとイギリス公使館《こうしかん》の焼《や》き打《う》ちをしたり、下関《しものせき》で外国《がいこく》船《せん》を砲撃《ほうげき》したりと過激《かげき》な活動《かつどう》を展開《てんかい》した。

1864年《ねん》、禁門《きんもん》の変《へん》（→85ページ）の際《さい》、久坂《くさか》は勝敗《しょうはい》が決《けっ》したことを知《し》り、同志《どうし》の寺島《てらしま》忠三郎《ちゅうざぶろう》とともに自害《じがい》した。

才能《さいのう》を認《みと》められ、思《おも》う存分《ぞんぶん》戦《たたか》い、スパッと自決《じけつ》。太《ふと》く短《みじか》く、そして熱《あつ》く生《い》きた男《おとこ》である。

もっと知《し》りたい！

久坂玄瑞《くさかげんずい》ってどんな人《ひと》？

文学青年《ぶんがくせいねん》？　ことあるごとに歌《うた》を詠《よ》む

久坂《くさか》は詩《し》をつくったり和歌《わか》を詠《よ》んだりするのが得意《とくい》だった。たとえば「ほととぎす　血《ち》に啼《な》く声《こえ》は　有明《ありあけ》の　月《つき》より外《ほか》に　知《し》る人《ひと》ぞなき」という歌《うた》が知《し》られている。意味《いみ》は、ほととぎすが血《ち》をはきながら鳴《な》いているのを知《し》っているのは美《うつく》しい月《つき》だけだ、ということ。ホトトギスは口《くち》のなかが赤《あか》いので、血《ち》をはきながら鳴《な》いているように見《み》える。その様子《ようす》と、自分《じぶん》が尊王攘夷《そんのうじょうい》運動《うんどう》にかけずりまわる姿《すがた》を重《かさ》ねあわせたものだ。

師匠《ししょう》の妹《いもうと》を嫁《よめ》にもらう

「松下村塾《しょうかそんじゅく》の双璧《そうへき》」とよばれるほど優秀《ゆうしゅう》な久《く》坂《さか》を、師匠《ししょう》の松陰《しょういん》はただならぬ認《みと》め方《かた》をしていた。自分《じぶん》の妹《いもうと》・文《ふみ》を久坂《くさか》に嫁《とつ》がせるほどだったのだ。真面目《まじめ》で頭《あたま》のいい松陰《しょういん》が、大切《たいせつ》な妹《いもうと》を預《あず》けるのだから、かなりの信頼度《しんらいど》だといっていいだろう。塾《じゅく》に入《はい》って結婚相手《けっこんあいて》をゲットするなんて、他《ほか》の塾生《じゅくせい》たちは「えこひいきだ！」などと不満《ふまん》に思《おも》っていたかも？

18歳《さい》で結婚《けっこん》したというおませさん！

文久《ぶんきゅう》の政変《せいへん》（八月十八日《はちがつじゅうはちにち》の政変《せいへん》）とその後《ご》

　1863年《ねん》8月《がつ》18日《にち》、公武合体《こうぶがったい》（↓145ページ）派《は》の会津藩《あいづはん》や薩《さつ》摩《ま》藩《はん》などが協力《きょうりょく》し、尊王攘夷《そんのうじょうい》派《は》の長州藩《ちょうしゅうはん》や公家《くげ》たちを京都《きょうと》から追《お》い出《だ》した事件《じけん》。このとき久坂《くさか》は長州《ちょうしゅう》藩《はん》の信頼《しんらい》を取《と》り戻《もど》そうと京都《きょうと》に潜《せん》伏《ぷく》したが失敗《しっぱい》に終《お》わり、翌年《よくねん》長州《ちょうしゅう》へ戻《もど》った。

　1864年《ねん》7月《がつ》、長州藩《ちょうしゅうはん》は武力《ぶりょく》を使《つか》ってでも地位《ちい》を取《と》り戻《もど》すことにし、兵《へい》とともに京都《きょうと》へむかった。しかし、会津《あいづ》・薩摩《さつま》ら幕府方《ばくふがた》の兵《へい》に比《くら》べて味方《みかた》の兵《へい》が少《すく》ないことが気《き》にかかっていた久坂《くさか》は慎重《しんちょう》に行《こう》動《どう》をすることを提案《ていあん》した。

　結局《けっきょく》、みんなを止《と》めることができず、「禁門《きんもん》の変《へん》」（↓85ページ）へと突入《とつにゅう》してしまったのだった。

下関《しものせき》事件《じけん》&四国《しこく》艦隊《かんたい》下関《しものせき》砲撃《ほうげき》事件《じけん》

1864年《ねん》に外国《がいこく》4か国《こく》の艦隊《かんたい》が長州藩《ちょうしゅうはん》を攻《こう》撃《げき》するという事件《じけん》(四国艦隊下関砲撃事件《しこくかんたいしものせきほうげきじけん》)がおこった。これは前年《ぜんねん》に長州藩《ちょうしゅうはん》が外国船《がいこくせん》にむかって砲撃《ほうげき》した事件《じけん》(下関事件《しものせきじけん》)の仕返《しかえ》しだった。一《いっ》体《たい》なぜこんなことがおこったのだろう?

下関事件《しものせきじけん》、勃発《ぼっぱつ》!

下関事件《しものせきじけん》がおきたのは1863年《ねん》5月《がつ》10日《か》。この日《ひ》は幕府《ばくふ》が攘夷実行《じょういじっこう》の期日《きじつ》とした日《ひ》だ。つまり、この日《ひ》から外国《がいこく》を排除《はいじょ》する行動《こうどう》をしてもいいということ。尊王攘夷運《そんのうじょういうん》動《どう》に熱心《ねっしん》だった長州藩《ちょうしゅうはん》は、この日《ひ》にあわせて下関《しものせき》を通過《つうか》する外国船《がいこくせん》を大砲《たいほう》で攻撃《こうげき》した。

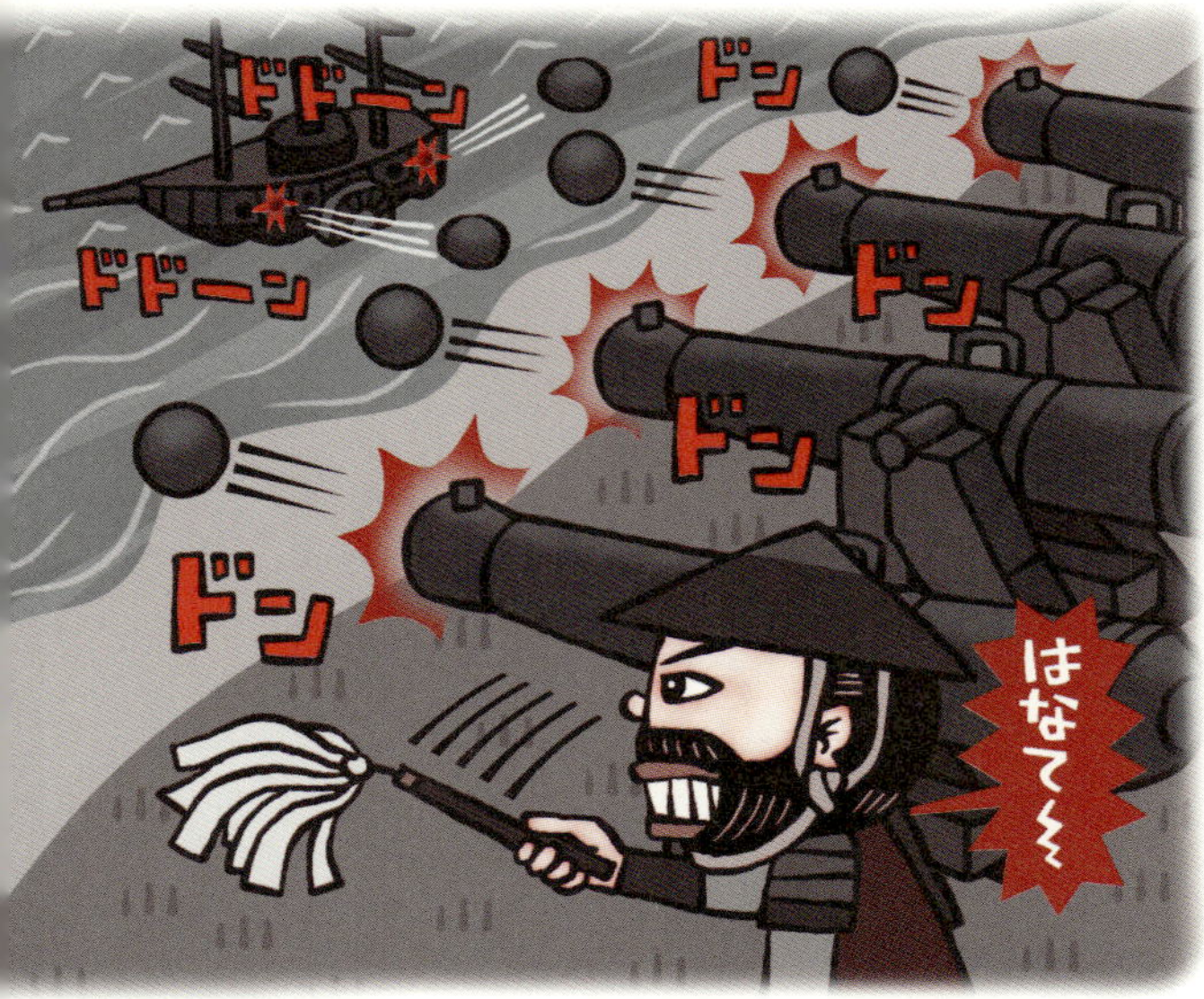

四国艦隊《しこくかんたい》がリベンジ！

長州藩《ちょうしゅうはん》の攻撃《こうげき》から約半月《やくはんつき》がたった6月《がつ》、アメリカとフランスの軍艦《ぐんかん》が長州藩《ちょうしゅうはん》の軍艦《ぐんかん》を砲撃《ほうげき》した。しかし長州藩《ちょうしゅうはん》は海峡《かいきょう》を封鎖《ふうさ》し続《つづ》け、外国船《がいこくせん》の行《い》き来《き》をじゃまし続《つづ》けた。

長州藩《ちょうしゅうはん》の行動《こうどう》は、諸外国《しょがいこく》を怒《おこ》らせてしまう。本気《ほんき》を出《だ》した諸外国《しょがいこく》は下関《しものせき》の破壊《はかい》を決《けっ》定《てい》！ 1864年《ねん》8月《がつ》、イギリス、フランス、アメリカ、オランダが協力《きょうりょく》して下関《しものせき》にある砲台《ほうだい》を大砲《たいほう》で攻撃《こうげき》した。また、各国《かっこく》の軍《ぐん》が上陸《じょうりく》し、のっとりと破壊《はかい》を行《おこな》った。

すっかり破壊《はかい》されて力《ちから》を失《うしな》った長州藩《ちょうしゅうはん》。これにより、武力《ぶりょく》による攘夷《じょうい》は無理《むり》なのではないかという結論《けつろん》に。長州藩《ちょうしゅうはん》がいくら強《つよ》い武器《ぶき》をもっていても、近代的《きんだいてき》な外国《がいこく》の武《ぶ》器《き》にはかなわなかったのだ。

幕府《ばくふ》のせいにした!!

戦《たたか》いを平和《へいわ》に終《お》わらせるために交渉《こうしょう》が行《おこな》われた。交渉役《こうしょうやく》に選《えら》ばれたのは高杉晋作《たかすぎしんさく》（→82ページ）らだった。高杉《たかすぎ》は「攘夷《じょうい》は幕《ばく》府《ふ》の命令《めいれい》だ」と主張《しゅちょう》。攻撃《こうげき》したのは長州藩《ちょうしゅうはん》の判断《はんだん》ではなく、幕府《ばくふ》から命令《めいれい》されたからだと言《い》い張《は》ったのだ。

4か国《こく》から賠償金《ばいしょうきん》が請求《せいきゅう》されていたが、高杉《たかすぎ》の交渉《こうしょう》により、請求先《せいきゅうさき》は幕府《ばくふ》となった。金額《きんがく》は300万《まん》ドル（現在《げんざい》のお金《かね》で約《やく》400億円《おくえん》）だった。

19

山県有朋

（やまがた　ありとも）

騎兵隊幹部《きへいたいかんぶ》から総理大臣《そうりだいじん》へ出世《しゅっせ》

生没年《せいぼつねん》

1838〜1922年《ねん》
(享年《きょうねん》85歳《さい》)

出身地《しゅっしんち》

長門国萩《ながとのくにはぎ》

身分《みぶん》

長州藩士《ちょうしゅうはんし》

家紋《かもん》

松下村塾《しょうかそんじゅく》に学《まな》び、倒幕運動《とうばくうんどう》へ

明治維新後《めいじいしんご》、総理大臣《そうりだいじん》を2回《かい》もつとめた山《やま》県《がた》有朋《ありとも》。奇兵隊《きへいたい》（→84ページ）をひきいて幕府《ばくふ》軍《ぐん》と戦《たたか》い、明治維新《めいじいしん》を成功《せいこう》に導《みちび》いた。

彼《かれ》は21歳《さい》で松下村塾《しょうかそんじゅく》（→89ページ）に入《はい》り、高杉晋作《たかすぎしんさく》（→82ページ）と出会《であ》う。高杉《たかすぎ》が奇兵《きへい》隊《たい》を結成《けっせい》すると入隊《にゅうたい》し、やがて幹部《かんぶ》に。高杉《たかすぎ》のクーデター（→85ページ）にも、奇兵隊《きへいたい》をひきいて参加《さんか》し活躍《かつやく》した。

戊辰戦争《ぼしんせんそう》（→44ページ）では、新政府軍《しんせいふぐん》の北《ほく》越方面《えつほうめん》の戦《たたか》いをひきうけて戦《たたか》った。苦戦《くせん》したものの、長岡藩《ながおかはん》を見事《みごと》に敗走《はいそう》させた。

人物《じんぶつ》データ

体力《たいりょく》

知力《ちりょく》

忠義心《ちゅうぎしん》

ユーモア

モテ度《ど》

軍人出身《ぐんじんしゅっしん》のうえ、長寿《ちょうじゅ》。85歳《さい》まで生《い》きた。体力《たいりょく》は高《たか》めだろう。

特技《とくぎ》

槍術《そうじゅつ》（宝蔵院流《ほうぞういんりゅう》）

武器《ぶき》

槍《やり》

思想《しそう》

尊王攘夷《そんのうじょうい》→倒幕《とうばく》

死《し》に様《ざま》

病死《びょうし》

もっと知《し》りたい！

不人気《ふにんき》の政治家《せいじか》

山県《やまがた》は明治政府《めいじせいふ》において、軍《ぐん》の制度《せいど》をフランス式《しき》に統一《とういつ》し整備《せいび》するなどの功績《こうせき》を残《のこ》した。しかし、自由民権運動《じゆうみんけんうんどう》（国会開設《こっかいかいせつ》や憲法制定《けんぽうせいてい》などにより民主主義政治《みんしゅしゅぎせいじ》をもとめた運動《うんどう》）を弾圧《だんあつ》した。そのため国民《こくみん》からの評価《ひょうか》は低《ひく》く、彼《かれ》の葬儀《そうぎ》には少数《しょうすう》の関係者《かんけいしゃ》しか参列《さんれつ》しなかったという。

棒《ぼう》きれという評価《ひょうか》？

山県《やまがた》は松下村塾《しょうかそんじゅく》にいたころ、同志《どうし》の吉田稔麿《よしだとしまろ》（→101ページ）から「木刀《ぼくとう》になれない棒《ぼう》きれ」だと評価《ひょうか》された。それに比《くら》べて入江九一《いりえくいち》（→102ページ）は「木刀《ぼくとう》」だと言《い》うので、山県《やまがた》は「人《ひと》をばかにしおって」と稔麿《としまろ》に文句《もんく》を言《い》ったそうだ。

20

医者出身《いしゃしゅっしん》の天才軍師《てんさいぐんし》
大村益次郎
（おおむら　ますじろう）

生没年《せいぼつねん》

1824〜1869年《ねん》
(享年《きょうねん》46歳《さい》)

出身地《しゅっしんち》

周防国鋳銭司村《すおうのくにすぜんじむら》

身分《みぶん》

長州藩士《ちょうしゅうはんし》

家紋《かもん》

兵学《へいがく》を武器《ぶき》に出世《しゅっせ》していく

大村益次郎《おおむらますじろう》は村医者《むらいしゃ》の家《いえ》に生《う》まれ、医師《いし》で蘭学者《らんがくしゃ》の緒方洪庵《おがたこうあん》が開《ひら》いた適塾《てきじゅく》に入《はい》り、勉学《べんがく》にはげんだ。優秀《ゆうしゅう》で、適塾《てきじゅく》の塾頭《じゅくとう》(責任者《せきにんしゃ》)をつとめるほどだった。

ペリー(→192ページ)来航《らいこう》以降《いこう》、西洋《せいよう》の学問《がくもん》がもとめられるようになり、各藩《かくはん》からまねかれたり、幕府《ばくふ》からは幕臣《ばくしん》のための文武修《ぶんぶしゅ》行所《ぎょうしょ》の教授《きょうじゅ》に任命《にんめい》されたりと大出世《だいしゅっせ》。また、戊辰戦争《ぼしんせんそう》(→44ページ)など、さまざまな戦《たたか》いでも作戦《さくせん》を担当《たんとう》した。頭脳《ずのう》で戦《たたか》い幕府《ばくふ》を倒《たお》し、頭脳《ずのう》で生《い》きぬいた天才軍師《てんさいぐんし》である。

人物《じんぶつ》データ

体力《たいりょく》
■■■□□

知力《ちりょく》
■■■■■

忠義心《ちゅうぎしん》
■■■□□

ユーモア
■□□□□

モテ度《ど》
■□□□□

身《み》につけた西洋兵学《せいようへいがく》で活躍《かつやく》した頭《ず》脳《のう》派《は》。真面目《まじめ》すぎる性格《せいかく》だったとか。

特技《とくぎ》
蘭学《らんがく》・西洋兵学《せいようへいがく》

武器《ぶき》
頭脳《ずのう》

思想《しそう》
倒幕《とうばく》

死《し》に様《ざま》
暗殺《あんさつ》による傷病死《しょうびょうし》

もっと知《し》りたい!

西南戦争《せいなんせんそう》を予見《よけん》した先見《せんけん》の明《めい》

大村《おおむら》はずいぶん前《まえ》から西郷隆盛《さいごうたかもり》(↓56ページ)が反乱《はんらん》するであろうことを見《み》ぬいていて、大坂《おおさか》に兵器《へいき》の工場《こうじょう》をつくるべきだと主張《しゅちょう》していた。この建設予定地《けんせつよていち》を下見《したみ》に行《い》ったところを襲《おそ》われて負傷《ふしょう》し、これがもとで後日死亡《ごじつしぼう》した。

大村《おおむら》は大坂《おおさか》の軍備《ぐんび》を整《ととの》えることを遺言《ゆいごん》として残《のこ》し、この軍備《ぐんび》は西南戦争《せいなんせんそう》(↓62ページ)のときに大《おお》いに役《やく》だったという。

決《けっ》して笑《わら》わないカタブツ?

適塾時代《てきじゅくじだい》、塾生《じゅくせい》からは「笑《わら》わない塾頭《じゅくとう》」といわれていたという。無口《むくち》で無愛想《ぶあいそう》で人《ひと》づきあいも苦手《にがて》だったとか。

天才《てんさい》は変《か》わり者《もの》だとはよくいわれるが、大村《おおむら》も例《れい》にもれず、といったところだろうか。

21

来島又兵衛（きじま またべえ）

禁門《きんもん》の変《へん》での激戦《げきせん》に散《ち》った武士《ぶし》

生没年《せいぼつねん》
1816～1864年《ねん》
(享年《きょうねん》49歳《さい》)

出身地《しゅっしんち》
長門国《ながとのくに》
西高泊村《にしたかとまりむら》

身分《みぶん》
長州藩士《ちょうしゅうはんし》

重要《じゅうよう》ポストにつき激《はげ》しく戦《たたか》うも自害《じがい》

奉行所《ぶぎょうしょ》の重要《じゅうよう》ポストについていた来島又兵衛《きじままたべえ》。高杉晋作《たかすぎしんさく》(↓82ページ)が奇兵隊《きへいたい》(↓84ページ)をつくると、来島《きじま》は「遊撃隊《ゆうげきたい》」をつくるなど、積極的《せっきょくてき》に尊王攘夷運動《そんのうじょういうんどう》を行《おこな》った。比《ひ》較的《かくてき》高齢《こうれい》だったせいか、忠実《ちゅうじつ》で意思《いし》のかたい、昔《むかし》ながらの武士《ぶし》だった。

1864年《ねん》の禁門《きんもん》の変《へん》(↓85ページ)では、激戦《げきせん》の末《すえ》、敵方《てきがた》の薩摩《さつま》・会津藩《あいづはん》に胸《むね》を鉄砲《てっぽう》で撃《う》たれてしまう。助《たす》かる道《みち》はないと判断《はんだん》し、自害《じがい》。戦場《せんじょう》をともにした若《わか》い武士《ぶし》たちに、古《こ》武士《ぶし》の生《い》き方《かた》を見《み》せつけたのかもしれない。

22

吉田稔麿（よしだ　としまろ）

池田屋事件《いけだやじけん》で命《いのち》を落《お》とした松下村塾生《しょうかそんじゅくせい》

生没年《せいぼつねん》
1841〜1864年《ねん》
(享年《きょうねん》24歳《さい》)

出身地《しゅっしんち》
長門国萩《ながとのくにはぎ》

身分《みぶん》
長州藩士《ちょうしゅうはんし》

家紋《かもん》

未来《みらい》の総理大臣《そうりだいじん》？　新選組《しんせんぐみ》と戦《たたか》って死亡《しぼう》

「松下村塾《しょうかそんじゅく》の四天王《してんのう》」に数《かぞ》えられる人物《じんぶつ》で、頭《あたま》もよく真面目《まじめ》な男《おとこ》。のちに、稔麿《としまろ》が生《い》きていたなら総理大臣《そうりだいじん》になっただろう、といわれたほど。池田屋事件《いけだやじけん》（↓23ページ）で仲間《なかま》たちと会合《かいごう》しているときに新選組《しんせんぐみ》にふみこまれ、必死《ひっし》で戦《たたか》うも重傷《じゅうしょう》を負《お》い、死亡《しぼう》した。この傷《きず》をつけたのは沖田総司《おきたそうじ》（↓28ページ）だったともいわれる。

斬《き》った沖田《おきた》も、斬《き》られた稔麿《としまろ》も若《わか》くして死亡《しぼう》した。ともに優秀《ゆうしゅう》だった二人《ふたり》を思《おも》うと、切《せつ》ないような、むなしいような気《き》もちにさせられる。

23

松陰《しょういん》をどこまでも尊敬《そんけい》したもと足軽《あしがる》

入江九一（いりえ くいち）

生没年《せいぼつねん》
1837～1864年《ねん》
（享年《きょうねん》28歳《さい》）

出身地《しゅっしんち》
長門国萩《ながとのくにはぎ》

身分《みぶん》
長州藩士《ちょうしゅうはんし》

家紋《かもん》

松陰《しょういん》の遺志《いし》を貫《つらぬ》く、忠実《ちゅうじつ》な弟子《でし》

足軽《あしがる》（身分《みぶん》の低《ひく》い武士《ぶし》）の家《いえ》に生《う》まれたが、松下村塾《しょうかそんじゅく》（→89ページ）に入《はい》り、四天王《してんのう》とまでよばれる存在《そんざい》になった入江九一《いりえくいち》。師匠《ししょう》の吉田《よしだ》松陰《しょういん》（→86ページ）をどこまでも尊敬《そんけい》して、裏《うら》切《ぎ》ることがなかった唯一《ゆいいつ》の人物《じんぶつ》である。

松陰《しょういん》が幕府老中《ばくふろうじゅう》（幕府《ばくふ》の最高職《さいこうしょく》）の暗殺《あんさつ》を計《けい》画《かく》したとき、塾生《じゅくせい》たちは反対《はんたい》したが入江《いりえ》とその弟《おとうと》だけが賛成《さんせい》した。松陰《しょういん》の処刑後《しょけいご》も計画《けいかく》の実行《じっこう》にむけて動《うご》いた。師匠《ししょう》に忠実《ちゅうじつ》に生《い》きたのは、足軽《あしがる》の血《ち》ならではだろうか。最期《さいご》は禁門《きんもん》の変《へん》（→85ページ）で負傷《ふしょう》し、自害《じがい》した。

薩摩藩《さつまはん》のヒーロー

維新《いしん》のヒーローたち②

次《つぎ》のページから

24

大久保利通
（おおくぼ　としみち）

明治《めいじ》の体制《たいせい》をつくった、維新三傑《いしんさんけつ》の一人《ひとり》

生没年《せいぼつねん》

1830～1878年《ねん》
(享年《きょうねん》49歳《さい》)

出身地《しゅっしんち》

薩摩国《さつまのくに》鹿児島《かごしま》

身分《みぶん》

薩摩藩士《さつまはんし》

家紋《かもん》

人物《じんぶつ》データ

体力《たいりょく》

知力《ちりょく》

忠義心《ちゅうぎしん》

ユーモア

モテ度《ど》

維新《いしん》をひっぱっていったのだから、体力《たいりょく》も知力《ちりょく》もあるはずだ。

特技《とくぎ》

政治《せいじ》

武器《ぶき》

日本刀《にほんとう》

思想《しそう》

公武合体《こうぶがったい》 → 倒幕《とうばく》

死《し》に様《ざま》

暗殺《あんさつ》

島津久光《しまづひさみつ》に見出《みいだ》され、信頼《しんらい》を得《え》て活躍《かつやく》

大久保利通《おおくぼとしみち》は薩長同盟《さっちょうどうめい》（↓81ページ）を進《すす》めた倒幕派《とうばくは》の中心人物《ちゅうしんじんぶつ》の一人《ひとり》だ。島津久光《しまづひさみつ》（↓117ページ）に見出《みいだ》され、久光《ひさみつ》に忠実《ちゅうじつ》につかえて出世《しゅっせ》した。のちに藩政《はんせい》の実権《じっけん》をにぎるほどに。

幕末《ばくまつ》を生《い》きぬき、明治新政府《めいじしんせいふ》になってからは版籍奉還《はんせきほうかん》（大名《だいみょう》の領地《りょうち》と領民《りょうみん》を天皇《てんのう》に返《かえ》すこと）や廃藩置県《はいはんちけん》（藩《はん》を県《けん》に変《か》えること）を実《じつ》現《げん》するなど多《おお》くの功績《こうせき》を残《のこ》した。征韓論争《せいかんろんそう》（↓61ページ）のあと西郷隆盛《さいごうたかもり》（↓56ページ）が新政府《しんせいふ》を去《さ》ってからは、政府《せいふ》の中心《ちゅうしん》となって活躍《かつやく》した。

しかし、士族制度改革《しぞくせいどかいかく》（↓107ページ）で反感《はんかん》を買《か》い、暗殺《あんさつ》された。多《おお》くの偉業《いぎょう》を成《な》しとげるには、多《おお》くの味方《みかた》も必要《ひつよう》だが、同時《どうじ》に多《おお》くの敵《てき》をつくるということなのだろう。

もっと知《し》りたい！ 大久保利通《おおくぼとしみち》ってどんな人《ひと》？

岩倉使節団《いわくらしせつだん》に参加《さんか》し、目《め》からうろこ？

1871年《ねん》には、岩倉《いわくら》具視《ともみ》（→184ページ）の使節団《しせつだん》に参加《さんか》してヨーロッパの視察《しさつ》に出《で》かけた大久保《おおくぼ》。海外《かいがい》の産業《さんぎょう》が大《おお》きく発展《はってん》している様子《ようす》を目《ま》のあたりにし、日本《にほん》もまずは国《くに》の力《ちから》をつけるべきだと考《かんが》えた。

西南戦争《せいなんせんそう》で幼《おさな》なじみを倒《たお》す

西南戦争《せいなんせんそう》（→62ページ）では、西郷隆盛《さいごうたかもり》（→56ページ）と戦《たたか》い、武力《ぶりょく》を使《つか》って西郷軍《さいごうぐん》を倒《たお》した。大久保《おおくぼ》は西郷《さいごう》とは幼《おさな》なじみ。彼《かれ》らは薩摩《さつま》藩《はん》の同《おな》じ町《まち》で育《そだ》ったのだが、征韓論争《せいかんろんそう》（→61ページ）以降《いこう》対立《たいりつ》していたのだ。新政府《しんせいふ》確立《かくりつ》という信念《しんねん》に生《い》きるか、長年《ながねん》の友情《ゆうじょう》をとるか。戦《たたか》う男《おとこ》の苦渋《くじゅう》の選択《せんたく》があったのかもしれない。

「つねに煙《けむり》のなかにいる」といわれたほどのヘビースモーカーだった。嫌煙運動《けんえんうんどう》の広《ひろ》がる現代《げんだい》では苦労《くろう》しそうだ。

長州征伐《ちょうしゅうせいばつ》と王政復古《おうせいふっこ》の大号令《だいごうれい》

薩長同盟《さっちょうどうめい》（↓81ページ）が結《むす》ばれたあと、長《ちょう》州征伐《しゅうせいばつ》（長州藩《ちょうしゅうはん》を討《う》つために幕府《ばくふ》がおこした戦《せん》争《そう》）がはじまった。幕府《ばくふ》は薩摩藩《さつまはん》に協力《きょうりょく》を求《もと》めたが、長州藩《ちょうしゅうはん》と同盟《どうめい》を結《むす》んでいるため大久保《おおくぼ》は薩摩藩《さつまはん》の兵《へい》を出《だ》さなかった。そのため、幕《ばく》府軍《ふぐん》は各地《かくち》で苦戦《くせん》を強《し》いられることとなった。

その後《ご》、朝廷《ちょうてい》の意思《いし》を倒幕《とうばく》で統一《とういつ》した大久《おおく》保《ぼ》は「今後《こんご》の政治《せいじ》は天皇中心《てんのうちゅうしん》で行《おこな》っていく」という、王政復古《おうせいふっこ》の大号令《だいごうれい》（↓１４３ページ）を発《はっ》令《れい》させることに成功《せいこう》。これに反発《はんぱつ》した旧幕府《きゅうばくふ》側《がわ》との間《あいだ》で戊辰戦争《ぼしんせんそう》（↓44ページ）へと発展《はってん》していく。

士族制度改革《しぞくせいどかいかく》

士族《しぞく》とは武士《ぶし》の家柄《いえがら》のこと。大《おお》久保《くぼ》らが進《すす》めた版籍奉還《はんせきほうかん》・廃藩置《はいはんち》県《けん》により、武士《ぶし》や殿様《とのさま》などの地位《ちい》も仕事《しごと》もなくなり「士族《しぞく》」とよばれるようになった。士族《しぞく》たちにはしばらくの間《あいだ》政府《せいふ》から金《かね》などの支給《しきゅう》はあったが、１８７６年《ねん》、優遇《ゆうぐう》が廃止《はいし》された。これにより、士族《しぞく》たちの不満《ふまん》が爆発《ばくはつ》！　この制度《せいど》を推《すい》進《しん》した大久保《おおくぼ》は恨《うら》みを買《か》い、暗殺《あんさつ》される運命《うんめい》となった。

25

幕末《ばくまつ》維新《いしん》に不可欠《ふかけつ》だった薩摩《さつま》の名藩主《めいはんしゅ》

島津斉彬

〈しまづ　なりあきら〉

生没年《せいぼつねん》

1809〜1858年《ねん》
(享年《きょうねん》50歳《さい》)

出身地《しゅっしんち》

薩摩国《さつまのくに》鹿児島《かごしま》

身分《みぶん》

薩摩藩主《さつまはんしゅ》

家紋《かもん》

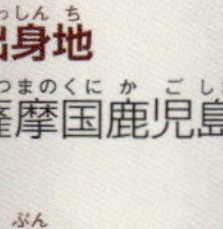

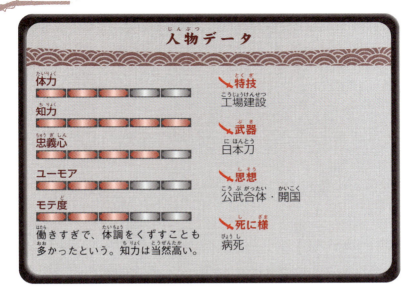

人物《じんぶつ》データ

体力《たいりょく》

知力《ちりょく》

忠義心《ちゅうぎしん》

ユーモア

モテ度《ど》

働《はたら》きすぎで、体調《たいちょう》をくずすことも多《おお》かったという。知力《ちりょく》は当然高《とうぜんたか》い。

特技《とくぎ》
工場建設《こうじょうけんせつ》

武器《ぶき》
日本刀《にほんとう》

思想《しそう》
公武合体《こうぶがったい》・開国《かいこく》

死に様《しにざま》
病死《びょうし》

たった7年《ねん》で多《おお》くの実績《じっせき》を残《のこ》す

島津斉彬《しまづなりあきら》は西郷隆盛《さいごうたかもり》（→56ページ）など維新《いしん》に必要不可欠《ひつようふかけつ》な人間《にんげん》を育《そだ》てたことで知《し》られているが、彼《かれ》が藩主《はんしゅ》をつとめたのはたった7年《ねん》間《かん》。この間《あいだ》に多《おお》くの実績《じっせき》を残《のこ》した。

西洋《せいよう》の文化《ぶんか》に早《はや》くから注目《ちゅうもく》していた彼《かれ》は、藩主《はんしゅ》になるとさっそく殖産興業《しょくさんこうぎょう》（産業《さんぎょう》をおこしてさかんにすること）や西洋《せいよう》の武器《ぶき》を取《と》り入《い》れることに力《ちから》をそそいだ。軍艦《ぐんかん》をつくったり、紡績《ぼうせき》（糸《いと》を紡《つむ》ぐこと）の機械《きかい》を輸入《ゆにゅう》したり、ガラスや鉄《てつ》の工場《こうじょう》を建《た》てたりするなど、日本《にほん》の文化《ぶんか》を大《おお》きく進歩《しんぽ》させるきっかけをつくったのだ。

また、身分《みぶん》に関係《かんけい》なく実力《じつりょく》のある者《もの》を積極《せっきょく》的《てき》に使《つか》うなど、人材育成《じんざいいくせい》の能力《のうりょく》もあった。幕《ばく》末《まつ》にあらわれた西郷隆盛《さいごうたかもり》も、斉彬《なりあきら》が藩主《はんしゅ》でなければ活躍《かつやく》の場《ば》がなかったかもしれない。

もっと知《し》りたい!
島津斉彬《しまづなりあきら》ってどんな人《ひと》?

ペリーが土産《みやげ》として幕府《ばくふ》に持《も》ってきた拳銃《けんじゅう》を一晩《ひとばん》だけ借《か》り、それをもとに設計図《せっけいず》までつくりあげたという理系男子《りけいだんし》。

お由羅騒動《ゆらそうどう》のあと、藩主《はんしゅ》デビュー

薩摩藩《さつまはん》で「お由羅騒動《ゆらそうどう》」という騒《さわ》ぎがおこった。当時《とうじ》の藩主《はんしゅ》・島津斉興《しまづなりおき》の後継者《こうけいしゃ》を決《き》めるときにもめたのだ。斉興《なりおき》の側室《そくしつ》・由羅《ゆら》の子《こ》である久光《ひさみつ》を藩主《はんしゅ》にしたい者《もの》たちと、兄《あに》の斉彬《なりあきら》を藩主《はんしゅ》にしたい者《もの》たちが対立《たいりつ》した。

もめたものの、後継者《こうけいしゃ》は斉彬《なりあきら》に決定《けってい》。このとき斉彬《なりあきら》は43歳《さい》。遅《おそ》すぎる藩《はん》主《しゅ》デビューだった。

篤姫《あつひめ》を徳川家《とくがわけ》に嫁入《よめい》りさせる

斉彬《なりあきら》は幕府《ばくふ》の政治《せいじ》にもかかわっていて、将《しょう》軍《ぐん》のあと継《つ》ぎ問題《もんだい》がおこると、養女《ようじょ》の篤姫《あつひめ》(→112ページ)を徳川家定《とくがわいえさだ》(→150ページ)に嫁入《よめい》りさせることにした。

徳川慶喜《とくがわよしのぶ》(→140ページ)を将軍《しょうぐん》にしたい斉彬《なりあきら》が、家定《いえさだ》らの意見《いけん》を篤姫《あつひめ》を通《つう》じて慶喜派《よしのぶは》に傾《かたむ》かせるために政略結婚《せいりゃくけっこん》させたが、残念《ざんねん》ながら斉彬《なりあきら》の存命中《ぞんめいちゅう》にはそれはかなわなかった。

集成館《しゅうせいかん》で日本《にほん》の産業《さんぎょう》の基礎《きそ》をつくる

斉彬《なりあきら》が人《ひと》より早《はや》く西洋文化《せいようぶんか》に目《め》をつけたのは、薩摩藩《さつまはん》が早《はや》くから西洋諸国《せいようしょこく》とのかかわりがあったからだ。彼《かれ》は日本《にほん》も近代的《きんだいてき》で強《つよ》い国《くに》にしなければいけないと考《かんが》え、多《おお》くの工場《こうじょう》を建設《けんせつ》。その工場群《こうじょうぐん》は「集成館《しゅうせいかん》」とよばれた。

集成館《しゅうせいかん》には、製鉄場《せいてつじょう》、鉄砲《てっぽう》の工場《こうじょう》、ガラスの工場《こうじょう》、蒸気機関研究所《じょうききかんけんきゅうじょ》などがあり、水車《すいしゃ》による回転動力《かいてんどうりょく》もつくった。集成館《しゅうせいかん》では1200名《めい》もの人《ひと》が働《はたら》いていたこともあったという。

また、他《ほか》の土地《とち》にも工場《こうじょう》をつくり、造船《ぞうせん》、印刷《いんさつ》、出版《しゅっぱん》、製薬《せいやく》、電信《でんしん》など多《おお》くの近代技術《きんだいぎじゅつ》の研究《けんきゅう》を行《おこな》った。斉彬《なりあきら》の事業《じぎょう》がなければ、現代《げんだい》の日本《にほん》における文化《ぶんか》や文明《ぶんめい》も、ずいぶん出《で》遅《おく》れることになっていただろう。

斉彬《なりあきら》の最期《さいご》

幕末《ばくまつ》には伝染病《でんせんびょう》のコレラが流行《りゅうこう》していた。斉彬《なりあきら》もひどい下痢《げり》をして死亡《しぼう》したため、コレラだろうと診断《しんだん》された。彼《かれ》は、徳川家茂《とくがわいえもち》（↓144ページ）が将軍《しょうぐん》になったことへの抗議《こうぎ》のために3000人《にん》の兵《へい》をひきいて京都《きょうと》へ行《い》く予定《よてい》だった。このタイミングでの急死《きゅうし》に、毒殺《どくさつ》されたのではないかという説《せつ》も強《つよ》い。

26

将軍《しょうぐん》のあと継《つ》ぎ決定《けってい》のために政略結婚《せいりゃくけっこん》した姫《ひめ》

篤姫（天璋院）

（あつひめ（てんしょういん））

生没年《せいぼつねん》

1836～1883年《ねん》
（享年《きょうねん》48歳《さい》）

出身地《しゅっしんち》

薩摩国《さつまのくに》鹿児島《かごしま》

身分《みぶん》

第《だい》13代将軍《だいしょうぐん》
徳川家定《とくがわいえさだ》の正室《せいしつ》

家紋《かもん》

将軍家《しょうぐんけ》のあと継《つ》ぎを決《き》めるために結婚《けっこん》

第《だい》14代将軍《だいしょうぐん》を徳川慶喜《とくがわよしのぶ》（→140ページ）にするために政略結婚《せいりゃくけっこん》させられたのが篤姫《あつひめ》だ。篤姫《あつひめ》は島津斉彬《しまづなりあきら》（→108ページ）の養女《ようじょ》。彼女《かのじょ》の結婚相手《けっこんあいて》は第《だい》13代将軍《だいしょうぐん》の徳川家定《とくがわいえさだ》（→150ページ）で、次期将軍《じきしょうぐん》の決定《けってい》をあやつるため徳川家《とくがわけ》に送《おく》りこまれた。しかし、家定《いえさだ》は結婚後《けっこんご》わずか2年《ねん》で病気《びょうき》で亡《な》くなってしまう。結局《けっきょく》、第《だい》14代将軍《だいしょうぐん》は徳川家茂《とくがわいえもち》（→144ページ）となり、工作《こうさく》は失敗《しっぱい》。その後《ご》は天璋《てんしょう》院《いん》と名前《なまえ》を変《か》え、徳川《とくがわ》の嫁《よめ》としての使命《しめい》を果《は》たしたのだ。

人物《じんぶつ》データ

体力《たいりょく》

知力《ちりょく》

忠義心《ちゅうぎしん》

ユーモア

モテ度《ど》

大奥《おおおく》を取《と》り仕切《しき》るには知力《ちりょく》が必要《ひつよう》。最後《さいご》まで徳川《とくがわ》の家《いえ》で生《い》きぬいたのは忠義心《ちゅうぎしん》のなせる技《わざ》。

特技《とくぎ》

徳川《とくがわ》を守《まも》ること

武器《ぶき》

頭脳《ずのう》

思想《しそう》

佐幕《さばく》

死《し》に様《ざま》

病死《びょうし》

もっと知《し》りたい!

嫁姑問題《よめしゅうとめもんだい》に悩《なや》んだ天璋院《てんしょういん》

家茂《いえもち》に嫁《とつ》いできた和宮《かずのみや》(→146ページ)と、嫁姑問題《よめしゅうとめもんだい》で悩《なや》まされた天璋院《てんしょういん》。和宮《かずのみや》は皇室出《こうしつしゅつ》身《しん》のためプライドが高《たか》いというのに、天璋院《てんしょういん》は和宮《かずのみや》をただの嫁《よめ》としてあつかったからだ。

和宮《かずのみや》も、政略結婚《せいりゃくけっこん》で徳川《とくがわ》に入《はい》った身《み》。夫《おっと》の家《いえ》茂《もち》を愛《あい》していたわけではなかった。しかし、和宮《かずのみや》と家茂《いえもち》の夫婦仲《ふうふなか》がむつまじくなってくるにつれ、嫁姑問題《よめしゅうとめもんだい》も解《かい》消《しょう》していったという。

嫁《よめ》と姑《しゅうとめ》の問題《もんだい》——時《じ》代《だい》は変《か》わっても、家庭《かてい》内《ない》のいざこざのきっかけは同《おな》じだということだ。そしてそれを解決《かいけつ》するのは、やっぱり愛《あい》なのだ!

27

西郷《さいごう》を師匠《ししょう》とあおぐ、幕末《ばくまつ》の四大人斬《よんだいひとき》りの一人《ひとり》

中村半次郎（桐野利秋）

（なかむら　はんじろう（きりの　としあき））

生没年《せいぼつねん》

1838〜1877年《ねん》（享年《きょうねん》40歳《さい》）

出身地《しゅっしんち》

薩摩国吉野村《さつまのくによしのむら》

身分《みぶん》

薩摩藩士《さつまはんし》

家紋《かもん》

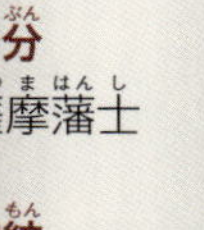

西郷隆盛《さいごうたかもり》のもとでさまざまな活躍《かつやく》を

下級藩士《かきゅうはんし》の家《いえ》に生《う》まれたため、十分《じゅうぶん》な教育《きょういく》をうけられなかったが、剣術《けんじゅつ》を習《なら》いはじめると、どんどん腕《うで》をあげた。彼《かれ》の転機《てんき》となったのは１８６２年《ねん》、島津久光《しまづひさみつ》（→１１７ページ）とともに京都《きょうと》へ行《い》き、中川宮《なかがわのみや》（公武合体派《こうぶがったいは》の重要人物《じゅうようじんぶつ》）のボディーガードをつとめたこと。

西郷隆盛《さいごうたかもり》（→56ページ）を師匠《ししょう》として尊敬《そんけい》し、西郷《さいごう》が征韓論争《せいかんろんそう》（→61ページ）に敗《やぶ》れて鹿児島《かごしま》に戻《もど》ると彼《かれ》も行動《こうどう》をともにする。西南戦争《せいなんせんそう》で西郷《さいごう》の死《し》を見《み》とどけ、最期《さいご》は額《ひたい》を銃《じゅう》で撃《う》ちぬかれて戦死《せんし》した。

人物《じんぶつ》データ

体力《たいりょく》

知力《ちりょく》

忠義心《ちゅうぎしん》

ユーモア

モテ度《ど》

西郷《さいごう》を師匠《ししょう》と決《き》めて生《い》きぬいた忠《ちゅう》義心《ぎしん》をたたえたい。

特技《とくぎ》

剣術《けんじゅつ》（自顕流《じげんりゅう》）

武器《ぶき》

和泉守兼定《いずみのかみかねさだ》（日本刀《にほんとう》）

思想《しそう》

公武合体《こうぶがったい》 → 倒幕《とうばく》

死《し》に様《ざま》

戦死《せんし》

もっと知《し》りたい！

人斬《ひとき》り半次郎《はんじろう》とよばれて

彼《かれ》が「人斬《ひとき》り半次郎《はんじろう》」とよばれたのは、学者《がくしゃ》の赤松小三郎《あかまつこさぶろう》を暗殺《あんさつ》したからだ。半次郎《はんじろう》はターゲットの赤松《あかまつ》と道《みち》で遭遇《そうぐう》。ピストルをぬいた赤《あか》松《まつ》を、半次郎《はんじろう》は刀《かたな》でめった斬《ぎ》り！

殺《ころ》された赤松《あかまつ》は、薩摩藩《さつまはん》にまねかれて兵学《へいがく》を教《おし》えたことがあり、半次郎《はんじろう》にとって、赤松《あかまつ》は兵《へい》学《がく》の師匠《ししょう》だった。しかし、半次郎《はんじろう》は赤松《あかまつ》をスパイとみなして斬《き》り殺《ころ》し、「悪者《わるもの》を斬《き》り殺《ころ》した」という内容《ないよう》の文書《ぶんしょ》をつくって張《は》り出《だ》した。

西郷《さいごう》につきしたがった人生《じんせい》

禁門《きんもん》の変《へん》（→85ページ）で西郷《さいごう》に抜擢《ばってき》されてスパイ的《てき》な活動《かつどう》をしたり、各地《かくち》へ出《で》むいて倒幕運《とうばくうん》動《どう》をしたり、薩長同盟《さっちょうどうめい》（→81ページ）後《ご》は両藩《りょうはん》のために力《ちから》をつくしたり、鳥羽《とば》・伏見《ふしみ》の戦《たたか》い（→44ページ）に役職《やくしょく》つきで参加《さんか》したり……。さまざまな場面《ばめん》で西郷《さいごう》の弟子《でし》として活躍《かつやく》した。

天誅《てんちゅう》!! 幕末《ばくまつ》の四大人斬《よんだいひとき》り

幕末《ばくまつ》には、人斬《ひとき》りとよばれて怖《おそ》れられた人物《じんぶつ》がいた。たまたま人《ひと》を殺《ころ》してしまったとか、戦《いくさ》で人《ひと》を斬《き》ったということではなく、人《ひと》を斬《き》ることを仕事《しごと》としていた人物《じんぶつ》がいたのだ。

彼《かれ》らは親分《おやぶん》や主君《しゅくん》のために人《ひと》を斬《き》った。もちろん剣《けん》の腕《うで》が一流《いちりゅう》でなくてはつとまらない仕事《しごと》。自慢《じまん》の腕《うで》で人《ひと》を斬《き》り、志士《しし》たちからはスターあつかいされていた。また、彼《かれ》らはお互《たが》いを意識《いしき》しあっていたという。スターならではのライバル意識《いしき》か？

なかでも「四大人斬《よんだいひとき》り」とよばれた有名《ゆうめい》な人物《じんぶつ》がいる。薩摩藩《さつまはん》の中村半次郎《なかむらはんじろう》（→114ページ）、田中新兵衛《たなかしんべえ》（→119ページ）、土佐藩《とさはん》の岡《おか》田以蔵《だいぞう》（→128ページ）。それから、熊本藩家《くまもとはんか》老《ろう》の小間使《こまづか》いをしていた河上彦斎《かわかみげんさい》がいる。彦斎《げんさい》は熱心《ねっしん》な攘夷論者《じょういろんしゃ》で、佐久間象山《さくましょうざん》（→182ページ）を斬《き》ったことでその名《な》を知《し》らしめた。

河上彦斎（かわかみ げんさい）

生没年《せいぼつねん》	1834〜1871年《ねん》（享年《きょうねん》38歳《さい》）	出身地《しゅっしんち》	肥後国《ひごのくに》新馬借町《しんばしゃくまち》
		身分《みぶん》	熊本藩士《くまもとはんし》

28

島津久光（しまづ ひさみつ）

公武合体運動《こうぶがったいうんどう》を進《すす》めた薩摩藩《さつまはん》の最高権力者《さいこうけんりょくしゃ》

島津斉彬《しまづなりあきら》とは仲《なか》がよかった!?

久光《ひさみつ》は斉彬《なりあきら》と次期藩主《じきはんしゅ》の座《ざ》をめぐって対立《たいりつ》した関係《かんけい》にある。結局藩主《けっきょくはんしゅ》になったのは斉彬《なりあきら》だったが、この件《けん》でもめていたのは周囲《しゅうい》の者《もの》だけ。本人《ほんにん》たち二人《ふたり》はとても仲《なか》がよかったという。

薩摩藩《さつまはん》の国父《こくふ》とよばれた実力者《じつりょくしゃ》

島津斉彬《しまづなりあきら》（→１０８ページ）が病死《びょうし》したあと、斉彬《なりあきら》の遺言《ゆいごん》により島津久光《しまづひさみつ》の息子《むすこ》の忠義《ただよし》が薩摩藩主《さつまはんしゅ》になったが、まだ18歳《さい》だったため、久光《ひさみつ》が実質的《じっしつてき》な最高権力者《さいこうけんりょくしゃ》に。薩摩藩《さつまはん》の国父《こくふ》とよばれるようになった。

公武合体運動《こうぶがったいうんどう》（→１４５ページ）をおし進《すす》めて幕府《ばくふ》と交渉《こうしょう》したり、京都《きょうと》の寺田屋《てらだや》に集結《しゅうけつ》した尊王攘夷派《そんのうじょういは》を討《う》つなどして活躍《かつやく》。しかし、久光《ひさみつ》の大名行列《だいみょうぎょうれつ》を横切《よこぎ》ったイギリス人《じん》を斬《き》り殺《ころ》したことで、薩英戦争《さつえいせんそう》（→１２２ページ）がおこってしまう。

生没年《せいぼつねん》
1817～1887年《ねん》
（享年《きょうねん》71歳《さい》）

出身地《しゅっしんち》
薩摩国鹿児島《さつまのくにかごしま》

身分《みぶん》
薩摩藩主《さつまはんしゅ》の父《ちち》

家紋《かもん》

29

有馬新七（ありま しんしち）

儒学《じゅがく》・剣術《けんじゅつ》・弓術《きゅうじゅつ》にすぐれた薩摩藩士《さつまはんし》

生没年《せいぼつねん》
1825〜1862年《ねん》
(享年《きょうねん》38歳《さい》)

出身地《しゅっしんち》
薩摩国《さつまのくに》伊集院郷《いじゅういんごう》

身分《みぶん》
薩摩藩士《さつまはんし》

家紋《かもん》

寺田屋《てらだや》にて串刺《くしざ》しになって果《は》てる

薩摩藩内《さつまはんない》の過激派《かげきは》メンバーだった有馬新七《ありましんしち》。有名《ゆうめい》なエピソードに「寺田屋事件《てらだやじけん》」がある。幕府《ばくふ》の重要人物《じゅうようじんぶつ》を襲撃《しゅうげき》するため京都《きょうと》の寺田屋《てらだや》に集《あつ》まっていたとき主君《しゅくん》の島津久光《しまづひさみつ》（→117ページ）に計画《けいかく》がばれた。久光《ひさみつ》の中止《ちゅうし》命令《めいれい》にしたがわず、久光《ひさみつ》の使者《ししゃ》と刀《かたな》が折《お》れるまで激《はげ》しく戦《たたか》ったのち、相手《あいて》を壁《かべ》ぎわにおさえこんだ。そして「俺《おれ》ごと刺《さ》せ」と仲間《なかま》に命《めい》じ、相手《あいて》もろとも串刺《くしざ》しになって死亡《しぼう》した。

命《いのち》をかけて理想《りそう》を貫《つらぬ》く――幕末志士《ばくまつしし》らしい死《し》に様《ざま》というべきか。

30

多《おお》くの暗殺事件《あんさつじけん》にかかわった暗殺者《あんさつしゃ》

田中新兵衛（たなか しんべえ）

生没年《せいぼつねん》
？～1863年《ねん》

出身地《しゅっしんち》
薩摩国鹿児島《さつまのくにかごしま》

身分《みぶん》
薩摩藩士《さつまはんし》

人斬《ひとき》りの命《いのち》である刀《かたな》を奪《うば》われて自害《じがい》

幕末《ばくまつ》の暗殺事件《あんさつじけん》に数多《かずおお》くかかわり、四大人《よんだいひと》斬《き》りの一人《ひとり》として恐《おそ》れられた田中新兵衛《たなかしんべえ》。佐《さ》幕派《ばくは》の人物《じんぶつ》を斬《き》って斬《き》って斬《き》りまくり、さらし首《くび》にしたことで知《し》られる暗殺者《あんさつしゃ》だ。

彼《かれ》が人斬《ひとき》りとしてプライドをもっていたことがわかる事件《じけん》がある。公家《くげ》の姉小路公知《あねがこうじきんとも》が殺《ころ》されたとき、現場《げんば》に田中《たなか》の刀《かたな》が落《お》ちていた。このため田中《たなか》が犯人《はんにん》とされ、取《と》り調《しら》べをうけた。彼《かれ》は容疑《ようぎ》をかけられたことより愛刀《あいとう》を何者《なにもの》かに奪《うば》われて利用《りよう》されたことが許《ゆる》せず、自害《じがい》の道《みち》を選《えら》んだ。

31

明治《めいじ》維新《いしん》を生《い》きぬいた日本《にほん》警察《けいさつ》の父《ちち》

川路利良（かわじ　としよし）

生没年《せいぼつねん》
1834～1879年《ねん》
(享年《きょうねん》46歳《さい》)

出身地《しゅっしんち》
薩摩国吉野村《さつまのくによしのむら》

身分《みぶん》
薩摩藩士《さつまはんし》

家紋《かもん》

ヨーロッパの警察制度《けいさつせいど》を導入《どうにゅう》

川路利良《かわじとしよし》はヨーロッパの警察制度《けいさつせいど》を日本《にほん》に取《と》り入《い》れた人物《じんぶつ》で、その功績《こうせき》により「日本警《にほんけい》察《さつ》の父《ちち》」とよばれている。薩摩藩《さつまはん》の出身《しゅっしん》で、禁門《きんもん》の変《へん》（→85ページ）のときに西郷隆盛《さいごうたかもり》（→56ページ）により、能力《のうりょく》を高《たか》く評価《ひょうか》され、戊辰戦争《ぼしんせんそう》（→44ページ）では足軽隊《あしがるたい》の隊長《たいちょう》をつとめるなど軍人《ぐんじん》として活躍《かつやく》した。明治維新後《めいじいしんご》は警察《けいさつ》を近代化《きんだいか》する活動《かつどう》に取《と》り組《く》む。ヨーロッパに渡《わた》って各国《かっこく》の警察制度《けいさつせいど》を調査《ちょうさ》し、日《に》本《ほん》にその制度《せいど》を取《と》り入《い》れたのだ。１８７４年《ねん》の東京警視庁創設時《とうきょうけいしちょうそうせつじ》には大警視《だいけいし》に就任《しゅうにん》した。

32

小松帯刀（こまつ たてわき）

西郷《さいごう》らとともに藩政改革《はんせいかいかく》に走《はし》る

大政奉還実現《たいせいほうかんじつげん》に奔走《ほんそう》した秀才《しゅうさい》

小松帯刀《こまつたてわき》は、島津久光《しまづひさみつ》(↓117ページ)の側近《そっきん》で、大久保利通《おおくぼとしみち》(↓104ページ)や西郷隆盛《さいごうたかもり》(↓56ページ)らとともに藩《はん》の政治改革《せいじかいかく》に取《と》り組《く》んだ人物《じんぶつ》だ。藩《はん》では、朝廷《ちょうてい》・幕府《ばくふ》・諸藩《しょはん》などの交渉《こうしょう》や連絡役《れんらくやく》という、なんともストレスがたまりそうな仕事《しごと》をこなして活躍《かつやく》した。

薩長同盟《さっちょうどうめい》(↓81ページ)を結《むす》ぶときには、西郷《さいごう》と木戸孝允《きどたかよし》(↓78ページ)を藩《はん》の屋敷《やしき》にまねいてひきあわせるなどの重要《じゅうよう》な役目《やくめ》をになう。新政府《しんせいふ》でも重要《じゅうよう》なポストについたが、36歳《さい》のとき大坂《おおさか》で病死《びょうし》した。

生没年《せいぼつねん》
1835～1870年《ねん》
(享年《きょうねん》36歳《さい》)

出身地《しゅっしんち》
薩摩国鹿児島《さつまのくにかごしま》

身分《みぶん》
薩摩藩家老《さつまはんかろう》

家紋《かもん》

33

大山巌（おおやま いわお）

倒幕《とうばく》で活躍《かつやく》し、陸軍《りくぐん》の発展《はってん》に貢献《こうけん》

生没年《せいぼつねん》
1842～1916年《ねん》
（享年《きょうねん》75歳《さい》）

出身地《しゅっしんち》
薩摩国鹿児島《さつまのくにかごしま》

身分《みぶん》
薩摩藩士《さつまはんし》

家紋《かもん》

西洋《せいよう》の軍事《ぐんじ》を学《まな》び、日本《にほん》に取《と》り入《い》れる

倒幕派《とうばくは》として行動《こうどう》した大山巌《おおやまいわお》は西郷隆盛《さいごうたかもり》（↓56ページ）のいとこ。薩英戦争《さつえいせんそう》のとき、外国《がいこく》の軍事力《ぐんじりょく》にカルチャーショックをうけ、砲術《ほうじゅつ》を身《み》につける。のちに大砲《たいほう》を開発《かいはつ》するまでにいたった。

戊辰戦争《ぼしんせんそう》（↓44ページ）では銃隊《じゅうたい》をひきいて参加《さんか》、西南戦争《せいなんせんそう》（↓62ページ）では新政府側《しんせいふがわ》の陸軍司令官《りくぐんしれいかん》として勝利《しょうり》するなど、身《み》につけた軍事的《ぐんじてき》センスで活躍《かつやく》した。

最初《さいしょ》の妻《つま》が亡《な》くなったあと、山川大蔵《やまかわおおくら》（↓174ページ）の妹《いもうと》・捨松《すてまつ》を後妻《ごさい》にむかえた。

生麦事件《なまむぎじけん》と薩英戦争《さつえいせんそう》

薩英戦争《さつえいせんそう》は、イギリス軍《ぐん》と薩摩藩《さつまはん》との間《あいだ》でおきた戦《たたか》い。原因《げんいん》は島津久光《しまづひさみつ》（↓117ページ）の大名行列《だいみょうぎょうれつ》を横切《よこぎ》ったイギリス人《じん》を殺《ころ》した生麦事件《なまむぎじけん》だ。怒《おこ》ったイギリス側《がわ》は幕府《ばくふ》に賠償金《ばいしょうきん》をもとめ、幕府《ばくふ》はこれにしたがったが、薩摩藩《さつまはん》は納得《なっとく》せず戦《たたか》いに発展《はってん》した。

次《つぎ》のページから

維新《いしん》のヒーローたち③

土佐藩《とさはん》のヒーロー

34

明治政府《めいじせいふ》とたもとを分《わ》かち自由民権運動《じゆうみんけんうんどう》に尽力《じんりょく》

板垣退助（いたがき　たいすけ）

生没年《せいぼつねん》

1837～1919年《ねん》
(享年《きょうねん》83歳《さい》)

出身地《しゅっしんち》

土佐国高知《とさのくにこうち》

身分《みぶん》

土佐藩士《とさはんし》

家紋《かもん》

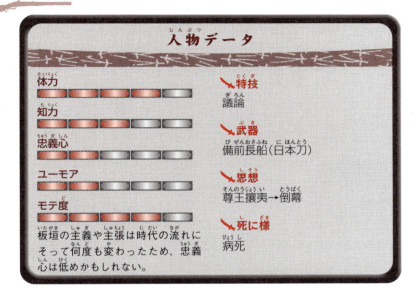

人物《じんぶつ》データ

体力《たいりょく》

知力《ちりょく》

忠義心《ちゅうぎしん》

ユーモア

モテ度《ど》

板垣《いたがき》の主義《しゅぎ》や主張《しゅちょう》は時代《じだい》の流《なが》れにそって何度《なんど》も変《か》わったため、忠義《ちゅうぎ》心《しん》は低《ひく》めかもしれない。

特技《とくぎ》

議論《ぎろん》

武器《ぶき》

備前長船《びぜんおさふね》(日本刀《にほんとう》)

思想《しそう》

尊王攘夷《そんのうじょうい》→倒幕《とうばく》

死に様《しにざま》

病死《びょうし》

やんちゃ小僧《こぞう》が自由民権運動《じゆうみんけんうんどう》の中心人物《ちゅうしんじんぶつ》に

板垣死《いたがきし》すとも自由《じゆう》は死《し》せず――板垣退助《いたがきたいすけ》の残《のこ》した名言《めいげん》はあまりにも有名《ゆうめい》だ。

板垣《いたがき》の幼少時代《ようしょうじだい》は手《て》のつけられないやんちゃ小僧《こぞう》だった。吉田東洋《よしだとうよう》(↓134ページ)との出会《であ》いで才能《さいのう》を開花《かいか》させ、藩《はん》の重要《じゅうよう》な役職《やくしょく》を次々《つぎつぎ》と任命《にんめい》されていくなかで軍人《ぐんじん》としても活躍《かつやく》した。

明治維新後《めいじいしんご》に日本初《にほんはつ》の政治団体《せいじだんたい》である自由党《じゆうとう》を創設《そうせつ》。自由民権運動《じゆうみんけんうんどう》につくしたあとは、内閣《ないかく》で内務大臣《ないむだいじん》をつとめた。

彼《かれ》の肖像画《しょうぞうが》は百円札《ひゃくえんさつ》に使《つか》われたほどで、それは日本《にほん》が板垣《いたがき》の功績《こうせき》をたたえている証拠《しょうこ》でもある。しかし、権力《けんりょく》に固執《こしつ》しなかったため晩年《ばんねん》は貧《まず》しく、病気《びょうき》が悪化《あっか》し死亡《しぼう》するというさびしい最期《さいご》をむかえている。

もっと知《し》りたい！

板垣退助《いたがきたいすけ》ってどんな人《ひと》？

近所《きんじょ》で有名《ゆうめい》な乱暴者《らんぼうもの》！

板垣《いたがき》は子《こ》どものころ、勉強《べんきょう》が大嫌《だいきら》いな近所《きんじょ》でも有名《ゆうめい》な暴《あば》れん坊《ぼう》だった。ケンカに負《ま》けて帰《かえ》ると母親《ははおや》が家《いえ》に入《い》れてくれなかったという話《はなし》も。そんなやんちゃな子《こ》が、まさか自由民権運動《じゆうみんけんうんどう》の父《ちち》になろうとは、人生《じんせい》はわからない。いや、そういう性格《せいかく》だったからこそ、信念《しんねん》を貫《つらぬ》く生《い》き方《かた》ができたのかもしれない。

板垣死《いたがきし》すとも自由《じゆう》は死《し》せず

自由民権運動《じゆうみんけんうんどう》にかかわり、全国《ぜんこく》を飛《と》びまわっていたときのことだ。人々《ひとびと》の前《まえ》で演説中《えんぜつちゅう》に刺客《しかく》に襲《おそ》われた。このとき「板垣死《いたがきし》すとも自由《じゆう》は死《し》せず」という名言《めいげん》を残《のこ》したという話《はなし》がある。さらに、相手《あいて》にひじで一撃《いちげき》を入《い》れている。刃物《はもの》を持《も》った男《おとこ》にとっさの反撃《はんげき》とは、さすがケンカで馴《な》らしていただけのことはある。このときはケガをしただけで、命《いのち》は助《たす》かった。

先祖《せんぞ》は武田信玄《たけだしんげん》の重臣《じゅうしん》である板垣信方《いたがきのぶかた》。由緒《ゆいしょ》ある血筋《ちすじ》なのだ！

自由民権運動《じゆうみんけんうんどう》で名《な》を残《のこ》す

自由民権運動《じゆうみんけんうんどう》は1874年《ねん》に民撰議院設立《みんせんぎいんせつりつ》建白書《けんぱくしょ》(政府《せいふ》に議会開設《ぎかいかいせつ》を求《もと》めた要望書《ようぼうしょ》)が提出《ていしゅつ》されたことではじまった。薩摩《さつま》・長州出身《ちょうしゅうしゅっしん》者中心《しゃちゅうしん》の政治《せいじ》に対《たい》して不満《ふまん》がある人物《じんぶつ》がたくさんいたのだ。

憲法《けんぽう》を決《き》めること・税金《ぜいきん》を安《やす》くすること・言論《げんろん》の自由《じゆう》を認《みと》めること・議会《ぎかい》を開設《かいせつ》することなどが求《もと》められ、運動《うんどう》は10年以上《ねんいじょう》に渡《わた》り続《つづ》けられた。1890年《ねん》に帝国議会《ていこくぎかい》が開設《かいせつ》され、この運動《うんどう》は終結《しゅうけつ》したといえる。

この流《なが》れのなかで板垣《いたがき》は高知《こうち》に政治団体《せいじだんたい》「立志社《りっししゃ》」を設立《せつりつ》し、のちに「自由党《じゆうとう》」をつくった。これが日本最初《にほんさいしょ》の政党《せいとう》となった。

軍人《ぐんじん》としても優秀《ゆうしゅう》だった板垣《いたがき》

板垣《いたがき》は戊辰戦争《ぼしんせんそう》(→44ページ)でも活躍《かつやく》した。土佐勤王党《とさきんのうとう》に関係《かんけい》した人物《じんぶつ》を中心《ちゅうしん》にした部隊《ぶたい》「迅衝隊《じんしょうたい》」の総督《そうとく》という立場《たちば》で指揮《しき》をとった。各地《かくち》で戦《たたか》いをくり広《ひろ》げ、甲州《こうしゅう》での戦《たたか》いでは新選組《しんせんぐみ》を撃破《げきは》するという功績《こうせき》もあげている。

意外《いがい》! さびしい晩年《ばんねん》

老後《ろうご》は非常《ひじょう》に貧乏《びんぼう》で、雨《あま》もりのする家《いえ》を借《か》りていて家賃《やちん》も払《はら》えないほどだったとか。生活《せいかつ》にこまり、大切《たいせつ》な刀《かたな》を売《う》ろうとしたこともあったという。それもこれも自由民権運動《じゆうみんけんうんどう》に必死《ひっし》になりすぎた結果《けっか》、金《かね》も使《つか》いすぎたからのようだ。自分《じぶん》の贅沢《ぜいたく》をなげうってでも思想《しそう》に生《い》きた板垣《いたがき》。尊敬《そんけい》という他《ほか》ない。

35

四大人斬《よんだいひとき》りの一人《ひとり》として恐《おそ》れられた暗殺者《あんさつしゃ》

岡田以蔵（おかだ　いぞう）

生没年《せいぼつねん》
1838〜1865年《ねん》
(享年《きょうねん》28歳《さい》)

出身地《しゅっしんち》
土佐国江口村《とさのくにえぐちむら》

身分《みぶん》
土佐藩士《とさはんし》

親分《おやぶん》に裏切《うらぎ》られて死《し》んだ悲《かな》しき人生《じんせい》

岡田以蔵《おかだいぞう》は、剣《けん》の才能《さいのう》を武市半平太《たけちはんぺいた》(↓132ページ)に認《みと》められ、剣《けん》のうでをみがいた。最初《さいしょ》の暗殺《あんさつ》は、吉田東洋《よしだとうよう》(↓134ページ)暗殺事件《あんさつじけん》の犯人《はんにん》として武市《たけち》に目《め》をつけていた警官《けいかん》の井上佐一郎《いのうえさいちろう》だった。その後《ご》、1862年《ねん》から翌年《よくねん》の暗殺《あんさつ》は、ほとんど以蔵《いぞう》がかかわったとされる。

ターゲットを盲目的《もうもくてき》に片《かた》っぱしから斬《き》った以蔵《いぞう》。親分《おやぶん》の武市《たけち》に人生《じんせい》をささげていたが、最期《さいご》は武市《たけち》に裏切《うらぎ》られ、深《ふか》い絶望《ぜつぼう》のなかで死《し》んでいった。

人物《じんぶつ》データ

体力《たいりょく》

知力《ちりょく》

忠義心《ちゅうぎしん》

ユーモア

モテ度《ど》

貧《まず》しかったため十分《じゅうぶん》な教育《きょういく》をうけられなかったが、忠義心《ちゅうぎしん》は誰《だれ》にも負《ま》けない！

特技《とくぎ》
暗殺《あんさつ》

武器《ぶき》
日本刀《にほんとう》

思想《しそう》
尊王攘夷《そんのうじょうい》・倒幕《とうばく》

死に様《しにざま》
斬首《ざんしゅ》

もっと知《し》りたい！

勝海舟《かつかいしゅう》のボディーガード

坂本龍馬《さかもとりょうま》（→48ページ）に頼《たの》まれて勝海舟《かつかいしゅう》（→64ページ）のボディーガードをつとめたことがある。このとき、勝《かつ》をねらった刺客《しかく》を斬《き》った以蔵《いぞう》だが、なぜか守《まも》ったはずの勝《かつ》に「人殺《ひとごろ》しはするな」とたしなめられたという。これ以降《いこう》、以蔵《いぞう》は暗殺《あんさつ》をやめたというから、勝《かつ》の言葉《ことば》になにか感《かん》じるものがあったのだろう。

悲《かな》しき以蔵《いぞう》の最期《さいご》

土佐勤王党《とさきんのうとう》が弾圧《だんあつ》をうけたとき、以蔵《いぞう》も捕《とら》えられて取《と》り調《しら》べられた。そのとき武市《たけち》は、以蔵《いぞう》が拷問《ごうもん》に耐《た》えられないだろうと考《かんが》え、毒殺《どくさつ》しようと図《はか》った。

以蔵《いぞう》は必死《ひっし》で拷問《ごうもん》に耐《た》えていたが、武市《たけち》の裏切《うらぎ》りを知《し》るとすべてを自白《じはく》。数日後《すうじつご》、斬首《ざんしゅ》となり、絶望《ぜつぼう》のなか28歳《さい》の生涯《しょうがい》をとじた。

36

藩政《はんせい》にかかわり、大政奉還《たいせいほうかん》を実現《じつげん》

後藤象二郎
（ごとう　しょうじろう）

東洋《とうよう》のあとを継《つ》いで藩政《はんせい》を動《うご》かす

後藤象二郎《ごとうしょうじろう》は土佐藩《とさはん》の上流階級《じょうりゅうかいきゅう》の家《いえ》に生《う》まれたエリートだ。吉田東洋《よしだとうよう》（↓134ページ）の甥《おい》っ子《こ》でもある。彼《かれ》はおじの私塾《しじゅく》で学《まな》び、東洋《とうよう》の死後《しご》はあとを継《つ》ぎ、藩政《はんせい》を動《うご》かした。坂本龍馬《さかもとりょうま》（↓48ページ）の船中八策《せんちゅうはっさく》（↓53ページ）を前土佐藩主《ぜんとさはんしゅ》の山内容堂《やまうちようどう》に提出《ていしゅつ》。案《あん》はその後《ご》、徳川慶喜《とくがわよしのぶ》（↓140ページ）に伝《つた》えられ、大政奉還《たいせいほうかん》に結《むす》びついた。明治維新後《めいじいしんご》は板《いた》垣退助《がきたいすけ》（↓124ページ）とともに自由党《じゆうとう》を結《けっ》成《せい》。自由民権運動《じゆうみんけんうんどう》に尽力《じんりょく》した。つねに陽《ひ》のあたる人生《じんせい》だった後藤《ごとう》。輝《かがや》かしく羨《うらや》ましい人生《じんせい》だ。

生没年《せいぼつねん》
1838～1897年《ねん》
（享年《きょうねん》60歳《さい》）

出身地《しゅっしんち》
土佐国高知《とさのくにこうち》

身分《みぶん》
土佐藩参政《とさはんさんせい》
（家老《かろう》）

家紋《かもん》

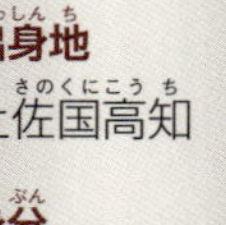

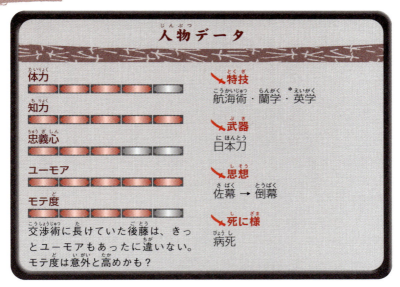

人物《じんぶつ》データ

体力《たいりょく》

知力《ちりょく》

忠義心《ちゅうぎしん》

ユーモア

モテ度《ど》

交渉術《こうしょうじゅつ》に長《た》けていた後藤《ごとう》は、きっとユーモアもあったに違《ちが》いない。モテ度《ど》は意外《いがい》と高《たか》めかも？

特技《とくぎ》

航海術《こうかいじゅつ》・蘭学《らんがく》・*英学《えいがく》

武器《ぶき》

日本刀《にほんとう》

思想《しそう》

佐幕《さばく》→倒幕《とうばく》

死《し》に様《ざま》

病死《びょうし》

もっと知《し》りたい！

大政奉還《たいせいほうかん》の案《あん》を横取《よこど》りした？

龍馬《りょうま》の「船中八策《せんちゅうはっさく》」（→53ページ）を山内容堂《やまうちようどう》に提出《ていしゅつ》した後藤《ごとう》。容堂《ようどう》は身分《みぶん》にうるさい人間《にんげん》だ。大政奉還《たいせいほうかん》の案《あん》が脱藩《だっぱん》した龍馬《りょうま》のものだと知《し》ったら、受《う》け入れなかった可能性《かのうせい》があったため、自《じ》分《ぶん》の案《あん》として提出《ていしゅつ》した。龍馬《りょうま》と後藤《ごとう》の連係《れんけい》プレーで大政奉還《たいせいほうかん》が実現《じつげん》したといっていいだろう。

すぐれた話術《わじゅつ》で龍馬《りょうま》もとりこに

後藤《ごとう》は最初佐幕派《さいしょさばくは》だったため、倒幕派《とうばくは》の土佐《とさ》勤王党《きんのうとう》を弾圧《だんあつ》し、解体《かいたい》させている。つまり、龍《りょう》馬《ま》とは敵同士《てきどうし》だったのだ。しかし、意外《いがい》にも意《い》気投合《きとうごう》し、大政奉還《たいせいほうかん》への流《なが》れがつくられた。

敵同士《てきどうし》だった二人《ふたり》の会談《かいだん》がうまくいったのは、後藤《ごとう》が過去《かこ》のことには一切《いっさい》ふれず、この先《さき》の希《き》望《ぼう》ある日本《にほん》についてのみ語《かた》ったからだ。人《ひと》の心《こころ》をつかむ力《ちから》と話術《わじゅつ》をもっていたのだ。

＊英学《えいがく》…イギリスやアメリカの学問《がくもん》。

37

一藩勤王《いっぱんきんのう》をかかげて思想《しそう》の統一《とういつ》を目指《めざ》した 武市半平太（たけち　はんぺいた）

生没年《せいぼつねん》
1829〜1865年《ねん》
（享年《きょうねん》37歳《さい》）

出身地《しゅっしんち》
土佐国高知《とさのくにこうち》

身分《みぶん》
土佐藩士《とさはんし》

家紋《かもん》

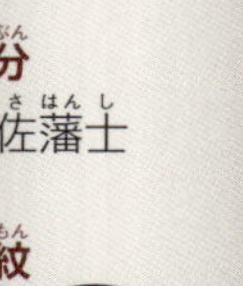

土佐勤王党《とさきんのうとう》を動《うご》かした龍馬《りょうま》の親友《しんゆう》

武市半平太《たけちはんぺいた》は、土佐勤王党《とさきんのうとう》をまとめあげて藩政《はんせい》を動《うご》かした人物《じんぶつ》。坂本龍馬《さかもとりょうま》（↓48ページ）とは親友《しんゆう》だった。

土佐藩《とさはん》の殿様《とのさま》から藩士《はんし》にいたるまで勤王《きんのう》の思想《しそう》をもたせるという、「一藩勤王《いっぱんきんのう》」の理想《りそう》をかかげて突《つ》き進《すす》んだ武市《たけち》。邪魔《じゃま》になるものは殺《ころ》すという考《かんが》えだったため、岡田以蔵《おかだいぞう》（↓128ページ）などの暗殺者《あんさつしゃ》を育《そだ》て、吉田東洋《よしだとうよう》（↓134ページ）を暗殺《あんさつ》する結果《けっか》となった。

彼《かれ》に絶対的《ぜったいてき》にしたがった暗殺者《あんさつしゃ》や組織《そしき》。人々《ひとびと》を洗脳《せんのう》する力《ちから》があったのだろうか。

人物《じんぶつ》データ

体力《たいりょく》

知力《ちりょく》

忠義心《ちゅうぎしん》

ユーモア

モテ度《ど》

同志《どうし》を魅了《みりょう》したカリスマ的存在《てきそんざい》の武市《たけち》は、すべてにおいて能力《のうりょく》は高《たか》めだと考《かんが》える。

特技《とくぎ》

書画《しょが》

武器《ぶき》

日本刀《にほんとう》

思想《しそう》

尊王攘夷《そんのうじょうい》→倒幕《とうばく》

死に様《しにざま》

切腹《せっぷく》

もっと知《し》りたい!

己《おのれ》の道《みち》を最後《さいご》まで貫《つらぬ》く壮絶《そうぜつ》な最期《さいご》

殺人《さつじん》によりどんどん勢力《せいりょく》を強《つよ》めた土佐勤王党《とさきんのうとう》だが、土佐藩主《とさはんしゅ》・山内容堂《やまうちようどう》の命《めい》により武市《たけち》たちは次々《つぎつぎ》と捕《つか》まった。しかし誰《だれ》も罪《つみ》を自白《じはく》しなかった。

1865年《ねん》、藩《はん》からの命令《めいれい》で切腹《せっぷく》を言《い》い渡《わた》された武市《たけち》。彼《かれ》はこのとき、一般的《いっぱんてき》な一文字《いちもんじ》ではなく三文字《さんもんじ》に腹《はら》を切《き》り裂《さ》き、武士《ぶし》の意地《いじ》をみせたという。

こう見《み》えても文化人《ぶんかじん》

彼《かれ》は獄中生活《ごくちゅうせいかつ》で書物《しょもつ》を読《よ》み、自画像《じがぞう》・詩《し》・手紙《てがみ》を多《おお》く書《か》き残《のこ》した。残《のこ》されている自画像《じがぞう》と書《しょ》は、素人《しろうと》とは思《おも》えない素晴《すば》らしさ。過激《かげき》な組織《そしき》の代表《だいひょう》だが、意外《いがい》や意外《いがい》、文化人《ぶんかじん》だったのだ。

38

藩政改革《はんせいかいかく》を進《すす》めた頑固者《がんこもの》

吉田東洋（よしだ とうよう）

生没年《せいぼつねん》

1816～1862年《ねん》
（享年《きょうねん》47歳《さい》）

出身地《しゅっしんち》

土佐国高知《とさのくにこうち》

身分《みぶん》

土佐藩参政《とさはんさんせい》
（家老《かろう》）

家紋《かもん》

藩《はん》のためにつくすも反感《はんかん》を買《か》い暗殺《あんさつ》

土佐藩士《とさはんし》の家《いえ》に生《う》まれた吉田東洋《よしだとうよう》。藩政改《はんせいかい》革《かく》に参加《さんか》したのちに参政《さんせい》（家老《かろう》）として活躍《かつやく》した。少林塾《しょうりんじゅく》を開《ひら》いて青少年《せいしょうねん》を教育《きょういく》したり、土《と》佐藩《さはん》を守《まも》る施設《しせつ》を建設《けんせつ》したり、藩《はん》の制度《せいど》をまとめて編集《へんしゅう》したり、広《ひろ》く藩《はん》につくした。

藩《はん》のために働《はたら》き華麗《かれい》なる出世《しゅっせ》をした彼《かれ》だが、性格《せいかく》は超短気《ちょうたんき》で、人《ひと》の意見《いけん》には絶対耳《ぜったいみみ》をかさない頑固者《がんこもの》。この性格《せいかく》がいけなかった。ひたすら公武合体運動《こうぶがったいうんどう》（→145ページ）を主《しゅ》張《ちょう》したため、土佐勤王党《とさきんのうとう》の反感《はんかん》を買《か》い、最期《さいご》は暗殺《あんさつ》されてしまった。

39

中浜万次郎（なかはま まんじろう）

幕末《ばくまつ》の世《よ》に西洋文化《せいようぶんか》をもたらしたハイカラさん

日本《にほん》にネクタイをもちこんだ？

日本《にほん》で初《はじ》めてネクタイをしめたのは万次郎《まんじろう》だといわれる。帰国《きこく》したときの荷物《にもつ》にネクタイが入《はい》っていたからだ。日本《にほん》にネクタイをもちこんだのが彼《かれ》だとしたら、ファッションリーダーといったところだ。

生没年《せいぼつねん》

1827～1898年《ねん》
(享年《きょうねん》72歳《さい》)

出身地《しゅっしんち》

土佐国中浜村《とさのくになかはまむら》

身分《みぶん》

漁師《りょうし》→土佐藩士《とさはんし》
→幕臣《ばくしん》

家紋《かもん》

アメリカでうけた教育《きょういく》を日本《にほん》で活《い》かす

「ジョン万次郎《まんじろう》」という名前《なまえ》で知《し》られている中浜万次郎《なかはままんじろう》は、漁師《りょうし》の子《こ》として生《う》まれた。漁《りょう》の最中《さいちゅう》に遭難《そうなん》し、アメリカの捕鯨船《ほげいせん》（くじら漁《りょう》をする船《ふね》）に救助《きゅうじょ》され、そのまま乗組員《のりくみいん》となった。アメリカに上陸《じょうりく》してからは船長《せんちょう》の養《よう》子《し》となって教育《きょういく》をうけ、日本《にほん》に戻《もど》った。

その後《ご》、土佐藩士《とさはんし》や幕臣《ばくしん》となり、学《まな》んできたことを後藤象二郎《ごとうしょうじろう》（→130ページ）や岩崎《いわさき》弥太郎《やたろう》（→136ページ）らに教《おし》えた。アメリカで身《み》につけたさまざまな知識《ちしき》は、幕末《ばくまつ》の日《に》本《ほん》に新風《しんぷう》を送《おく》りこんだのである。

40

商業《しょうぎょう》と海運《かいうん》で三菱商会《みつびししょうかい》を築《きず》く
岩崎弥太郎（いわさき　やたろう）

経済《けいざい》を学《まな》び、三菱財閥《みつびしざいばつ》を築《きず》く

岩崎弥太郎《いわさきやたろう》の身分《みぶん》は地下浪人《じげろうにん》（武士《ぶし》として最下級《さいかきゅう》）だったが、吉田東洋《よしだとうよう》（↓134ページ）の少林塾《しょうりんじゅく》や安積艮斎《あさかごんさい》*（朱子学者《しゅしがくしゃ》）の私塾《しじゅく》で学《まな》んだ。藩《はん》の制度《せいど》が廃止《はいし》されたときには、藩《はん》札《さつ》（藩制度上《はんせいどじょう》の金《かね》）を政府《せいふ》に交換《こうかん》してもらうという制度《せいど》を利用《りよう》して、大金持《おおがねも》ちになった。それを元手《もとで》に三菱商会《みつびししょうかい》をつくりあげたのだ。

武士《ぶし》の最下級出身《さいかきゅうしゅっしん》でありながら、経済《けいざい》の勉《べん》強《きょう》や先《さき》を見通《みとお》す目《め》を養《やしな》ったことで勝《か》ち組《ぐみ》となった弥太郎《やたろう》。キミも現代《げんだい》の弥太郎《やたろう》を目指《めざ》してみる？

＊朱子学《しゅしがく》…中国《ちゅうごく》から入《はい》ってきた学問《がくもん》のひとつ。

生没年《せいぼつねん》

1835〜1885年《ねん》
（享年《きょうねん》51歳《さい》）

出身地《しゅっしんち》

土佐国井ノ口村《とさのくにいのくちむら》

身分《みぶん》

土佐藩《とさはん》
地下浪人《じげろうにん》

家紋《かもん》

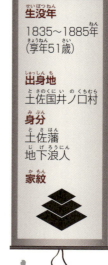

41

西南戦争《せいなんせんそう》で熊本城《くまもとじょう》を守《まも》りぬいた

谷 干城（たに たてき）

生没年《せいぼつねん》
1837～1911年《ねん》
(享年《きょうねん》75歳《さい》)

出身地《しゅっしんち》
土佐国窪川《とさのくにくぼがわ》

身分《みぶん》
土佐藩士《とさはんし》

家紋《かもん》

尊王攘夷運動《そんのうじょういうんどう》から倒幕《とうばく》に進化《しんか》

医師《いし》の家《いえ》に生《う》まれ、*儒学者《じゅがくしゃ》の安井息軒《やすいそっけん》の執事《しつじ》になるなど、若《わか》いころからエリート路線《ろせん》まっしぐら。大坂《おおさか》で武市半平太《たけちはんぺいた》(↓132ページ)と出会《であ》い、尊王攘夷運動《そんのうじょういうんどう》に参加《さんか》。しかし、中国《ちゅうごく》への視察《しさつ》がきっかけで攘夷《じょうい》の思想《しそう》を捨《す》て、その後《ご》は倒幕派《とうばくは》として活動《かつどう》した。

西南戦争《せいなんせんそう》(↓62ページ)では熊本城《くまもとじょう》にこもり、籠城戦《ろうじょうせん》を展開《てんかい》。西郷軍《さいごうぐん》1万数千人《まんすうせんにん》を相手《あいて》に熊本城《くまもとじょう》を死守《ししゅ》。その戦《たたか》いは50日《にち》に渡《わた》った。

明治維新後《めいじいしんご》は貴族院議員《きぞくいんぎいん》などをつとめ、最後《さいご》までエリートを貫《つらぬ》いたのだった。

*儒学《じゅがく》…中国《ちゅうごく》から入《はい》ってきた学問《がくもん》のひとつ。

42

中岡慎太郎（なかおか しんたろう）

明治維新《めいじいしん》を見《み》とどけられなかった龍馬《りょうま》の同志《どうし》

生没年《せいぼつねん》
1838～1867年《ねん》
（享年《きょうねん》30歳《さい》）

出身地《しゅっしんち》
土佐国北川郷《とさのくにきたがわごう》

身分《みぶん》
土佐藩士《とさはんし》
陸援隊隊長《りくえんたいたいちょう》

家紋《かもん》

脱藩《だっぱん》後《ご》、薩長《さっちょう》の仲《なか》を取《と》りもつ

中岡慎太郎《なかおかしんたろう》は土佐勤王党《とさきんのうとう》に入《はい》っていたが、土佐藩《とさはん》からの弾圧《だんあつ》を逃《のが》れて脱藩《だっぱん》する。西郷隆盛《さいごうたかもり》（→56ページ）や木戸孝允《きどたかよし》（→78ページ）と交流《こうりゅう》をもち、薩長《さっちょう》の仲《なか》を取《と》りもった。

同《おな》じく脱藩《だっぱん》していた坂本龍馬《さかもとりょうま》（→48ページ）とともども脱藩《だっぱん》を許《ゆる》されると、中岡《なかおか》は陸援隊《りくえんたい》という陸兵集団《りくへいしゅうだん》をつくり土佐藩《とさはん》の強兵《きょうへい》につとめた。１８６７年《ねん》、龍馬《りょうま》とともに京都《きょうと》の近江屋《おうみや》で暗殺《あんさつ》される。30歳《さい》だった。中岡《なかおか》は、仲間《なかま》と力《ちから》をあわせれば大《おお》きな仕事《しごと》を達成《たっせい》できるということを、私《わたし》たちに教《おし》えているように思《おも》える。

次《つぎ》のページから

維新《いしん》のヒーローたち④

徳《とく》川《がわ》幕《ばく》府《ふ》

将軍家系図《しょうぐんかけいず》（略図《りゃくず》）

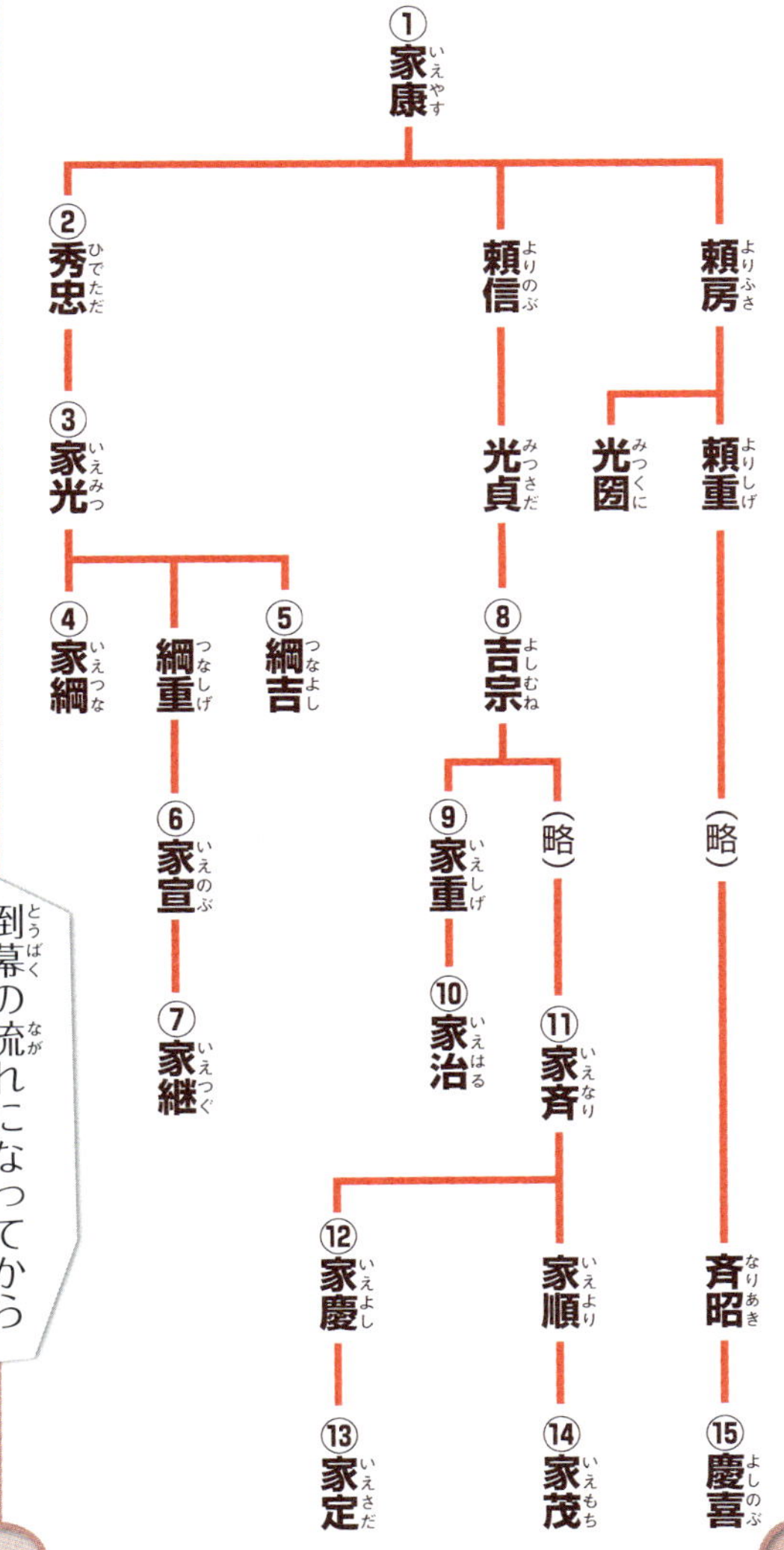

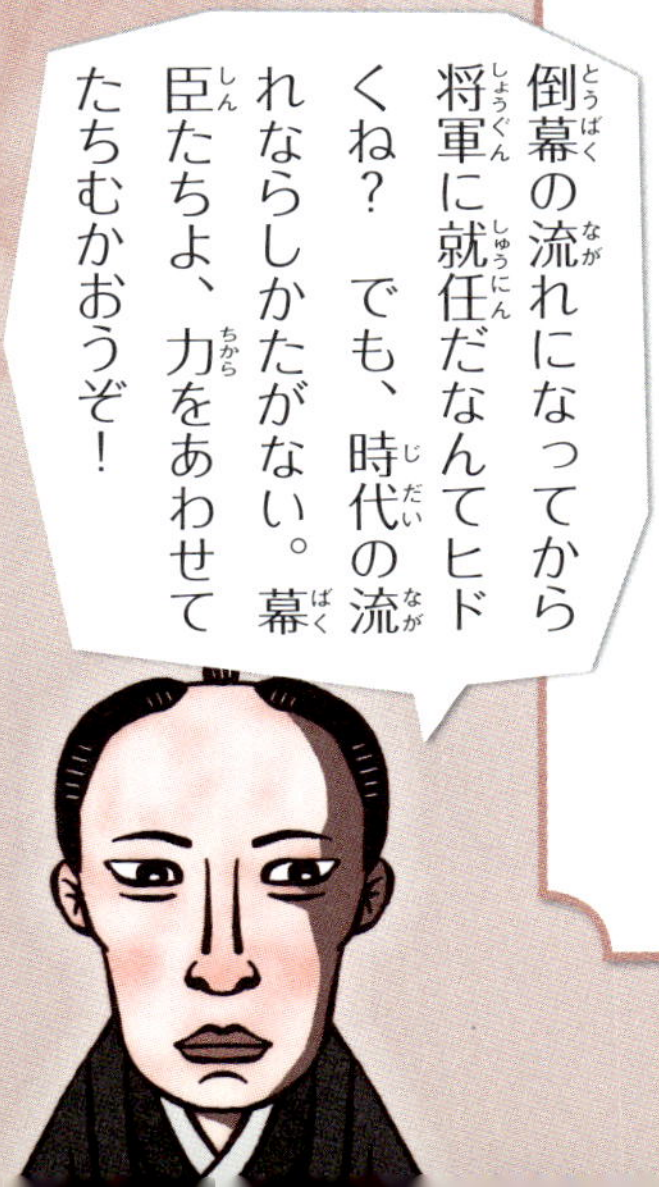

43

倒幕《とうばく》派《は》と戦《たたか》った最後《さいご》の将軍《しょうぐん》

徳川慶喜（とくがわ よしのぶ）

生没年《せいぼつねん》

1837〜1913年《ねん》
(享年《きょうねん》77歳《さい》)

出身地《しゅっしんち》

水戸《みと》藩《はん》江戸《えど》屋敷《やしき》

身分《みぶん》

徳川《とくがわ》15代将軍《だいしょうぐん》

家紋《かもん》

人物《じんぶつ》データ

体力《たいりょく》 ■■■■□

知力《ちりょく》 ■■■■□

忠義心《ちゅうぎしん》 ■■■□□

ユーモア ■■■□□

モテ度《ど》 ■■■□□

多趣味《たしゅみ》で長生《ながい》きなので知力《ちりょく》・体力《たいりょく》ともに高《たか》め。本人《ほんにん》も文武両道《ぶんぶりょうどう》をウリにしたかったようだ。

特技《とくぎ》
狩猟《しゅりょう》・写真《しゃしん》

武器《ぶき》
頭脳《ずのう》

思想《しそう》
公武合体《こうぶがったい》

死《し》に様《ざま》
病死《びょうし》

遅《おそ》すぎた将軍《しょうぐん》の座《ざ》・江戸幕府《えどばくふ》の終焉《しゅうえん》

水戸藩主《みとはんしゅ》の家《いえ》に生《う》まれた徳川慶喜《とくがわよしのぶ》は、将軍《しょうぐん》になる資格《しかく》のある一橋家《ひとつばしけ》に養子《ようし》に入《はい》った。第《だい》13代将軍《だいしょうぐん》の家定《いえさだ》に子《こ》どもがいなかったため、慶喜《よしのぶ》が二十歳《はたち》のころ候補者《こうほしゃ》となる。しかし、あと継《つ》ぎは徳川家茂《とくがわいえもち》（→144ページ）になり、慶喜《よしのぶ》はその次《つぎ》の15代《だい》の座《ざ》についた。

将軍《しょうぐん》になったはいいものの、世《よ》の流《なが》れはすでに倒幕一直線《とうばくいっちょくせん》。前土佐藩主《ぜんとさはんしゅ》・山内容堂《やまうちようどう》に説得《せっとく》され、大政奉還《たいせいほうかん》（→143ページ）を受《う》け入《い》れるしかなかった。のみならず王政復古《おうせいふっこ》の大号令《だいごうれい》（→143ページ）により、領地《りょうち》まで没収《ぼっしゅう》されてしまう。鳥羽《とば》・伏見《ふしみ》の戦《たたか》い（→44ページ）でも幕府軍《ばくふぐん》は敗北《はいぼく》し、初代家康《しょだいいえやす》から約《やく》260年続《ねんつづ》いた江戸幕府《えどばくふ》はとうとう終《お》わりをつげる。もっと早《はや》く将軍《しょうぐん》になりたかった……

そんなことを思《おも》っただろうか。

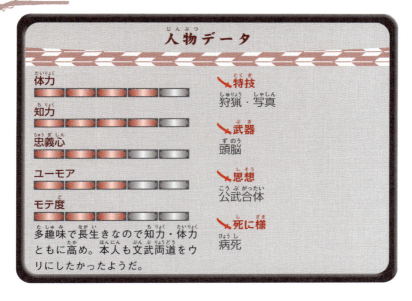

もっと知《し》りたい！

徳川慶喜《とくがわよしのぶ》ってどんな人《ひと》？

豚肉《ぶたにく》だ〜いすき♪　そのため、大奥《おおおく》では「豚一様《ぶたいちさま》」とよばれていたそうだ。

慶喜《よしのぶ》VS家茂《いえもち》　なぜ負《ま》けたの？

将軍《しょうぐん》のあと継《つ》ぎをめぐっては、家茂側《いえもちがわ》は「南紀派《なんきは》」とよばれ、井伊直弼《いいなおすけ》(→154ページ)らが中心《ちゅうしん》の派閥《はばつ》。一方《いっぽう》、慶喜側《よしのぶがわ》は「一橋派《ひとつばしは》」とよばれ、島津斉彬《しまづなりあきら》(→108ページ)らが中心《ちゅうしん》だった。しかし井伊《いい》が大老《たいろう》になったためあと継《つ》ぎは家茂《いえもち》に決《き》まり、また井伊《いい》が独断《どくだん》で日米修好通商条約《にちべいしゅうこうつうしょうじょうやく》(→194ページ)を結《むす》んでしまい開国《かいこく》が決定《けってい》する。国《くに》の一大事《いちだいじ》は朝廷《ちょうてい》の許可《きょか》がいるのにと、怒《おこ》った慶喜《よしのぶ》は江戸城《えどじょう》に乗《の》りこんで抗議《こうぎ》。しかし、突然《とつぜん》の訪問《ほうもん》だったため、慶喜《よしのぶ》は謹慎《きんしん》させられてしまったのだ。

明治《めいじ》に入《はい》ってからは風流人《ふうりゅうじん》に変身《へんしん》

将軍《しょうぐん》を退《しりぞ》いてからの慶喜《よしのぶ》は、カメラ、囲碁《いご》、釣《つ》りなどを楽《たの》しむ日々《ひび》を送《おく》った。大正《たいしょう》まで生《い》き、77歳《さい》で死亡《しぼう》。歴代《れきだい》の将軍《しょうぐん》のなかでもっとも長生《ながい》きだった。

大政奉還《たいせいほうかん》

大政奉還《たいせいほうかん》とは、政治《せいじ》を動《うご》かす権《けん》利《り》を朝廷《ちょうてい》に返《かえ》すこと。江戸《えど》時代《じだい》は幕府《ばくふ》が日本《にほん》の政治《せいじ》を動《うご》かしていた。しかし幕末《ばくまつ》にその権利《けんり》を朝廷《ちょうてい》に返《かえ》すべきだという思想《しそう》が高《たか》まった。主《おも》に薩摩藩《さつまはん》と長州藩《ちょうしゅうはん》が武力《ぶりょく》を使《つか》って幕府《ばくふ》を倒《たお》そうと考《かんが》えていて、現《げん》実《じつ》になれば日本《にほん》のなかで内戦《ないせん》がおこりそうだった。

「戦《たたか》いになる前《まえ》に幕府《ばくふ》が自《みずか》ら進《すす》んで朝廷《ちょうてい》に政治《せいじ》の権利《けんり》を返《かえ》してしまえば、争《あらそ》わずにすむ」という案《あん》が土佐藩《とさはん》から幕府《ばくふ》に提出《ていしゅつ》され、慶喜《よしのぶ》はそれを受《う》け入《い》れた。

しかし幕府側《ばくふがわ》は、朝廷《ちょうてい》に権利《けんり》を返《かえ》したとしても朝廷《ちょうてい》に政治《せいじ》を動《うご》かす能力《のうりょく》はなく、朝廷《ちょうてい》のもとで政治《せいじ》を続《つづ》けることができるだろうと考《かんが》えていた、といわれている。

王政復古《おうせいふっこ》の大号令《だいごうれい》

大政奉還《たいせいほうかん》で政治《せいじ》を動《うご》かす権利《けんり》が朝廷《ちょうてい》に返《かえ》されたにもかかわらず、長《なが》い間《あいだ》権力《けんりょく》をにぎってきた幕府《ばくふ》は、倒幕派《とうばくは》にとって、まだ怖《こわ》い存在《そんざい》だった。

そこで、倒幕派《とうばくは》は「王政復古《おうせいふっこ》の大《だい》号令《ごうれい》」を宣言《せんげん》した。政治《せいじ》の権利《けんり》のみならず、慶喜《よしのぶ》にすべての官職《かんしょく》をやめさせて、領地《りょうち》もすべて朝廷《ちょうてい》に返《かえ》すべきだと主張《しゅちょう》したのだ。完全《かんぜん》に幕府《ばくふ》と徳川家《とくがわけ》を抹殺《まっさつ》しようとする動《うご》きだった。

これに反発《はんぱつ》した旧幕府側《きゅうばくふがわ》が戦《たたか》いをおこし、戊辰戦争《ぼしんせんそう》（→44ページ）に突入《とつにゅう》していく。

44

幕府《ばくふ》と朝廷《ちょうてい》の板《いた》ばさみ、苦悩《くのう》の14代将軍《だいしょうぐん》

徳川家茂（とくがわ　いえもち）

生没年《せいぼつねん》

1846〜1866年《ねん》

（享年《きょうねん》21歳《さい》）

出身地《しゅっしんち》

紀伊藩《きいはん》

江戸屋敷《えどやしき》

身分《みぶん》

徳川《とくがわ》14代将軍《だいしょうぐん》

家紋《かもん》

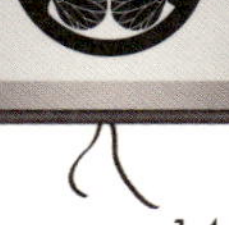

政略結婚《せいりゃくけっこん》、開国《かいこく》……波瀾万丈《はらんばんじょう》の人生《じんせい》

紀州藩主《きしゅうはんしゅ》の長男《ちょうなん》として生《う》まれ、４歳《さい》で藩主《はんしゅ》に。のちに、徳川慶喜《とくがわよしのぶ》（↓１４０ページ）をおさえて徳川第《とくがわだい》14代将軍《だいしょうぐん》となる。１８６２年《ねん》には公武合体《こうぶがったい》のため、17歳《さい》で皇女《こうじょ》の和宮《かずのみや》（↓１４６ページ）と結婚《けっこん》。１８６６年《ねん》の長州征伐《ちょうしゅうせいばつ》では、自《みずか》ら大坂《おおさか》まで出陣《しゅつじん》して兵《へい》の士気《しき》を高《たか》めた。

外国《がいこく》の文化《ぶんか》にも興味《きょうみ》を示《しめ》し開国《かいこく》の政策《せいさく》にも理解《りかい》があった家茂《いえもち》。長州征伐中《ちょうしゅうせいばつちゅう》に病死《びょうし》したが、長生《ながい》きしていたらどんな政治《せいじ》が展開《てんかい》されていたのだろう。

人物《じんぶつ》データ

体力《たいりょく》

知力《ちりょく》

忠義心《ちゅうぎしん》

ユーモア

モテ度《ど》

妻《つま》の和宮《かずのみや》だけでなく、周囲《しゅうい》に心《こころ》をくだく優《やさ》しい人物《じんぶつ》だった。男女問《だんじょと》わずモテていただろう。

特技《とくぎ》

意見《いけん》を聞《き》く

武器《ぶき》

日本刀《にほんとう》

思想《しそう》

開国《かいこく》・公武合体《こうぶがったい》

死《し》に様《ざま》

病死《びょうし》

もっと知《し》りたい！

ラブラブだった家茂《いえもち》&和宮《かずのみや》

政略結婚《せいりゃくけっこん》だったが、家茂《いえもち》は妻《つま》の和宮《かずのみや》を大切《たいせつ》にし、折《お》りにふれて贈《おく》りものをするなど、プライドが高《たか》かった彼女《かのじょ》の心《こころ》をときほぐした。和宮《かずのみや》にプレゼントを約束《やくそく》していた矢先《やさき》の死《し》だったが、贈《おく》り物《もの》の着物《きもの》はきちんと用意《ようい》していた。政略結婚《せいりゃくけっこん》のおかげで、愛《あい》する人《ひと》とめぐりあえた家茂《いえもち》。出会《であ》いというのは不思議《ふしぎ》なものである。

公武合体運動《こうぶがったいうんどう》

朝廷《ちょうてい》(公家《くげ》)と幕府《ばくふ》(武家《ぶけ》)を協調《きょうちょう》させて、政治体制《せいじたいせい》をたてなおそうとした政治運動《せいじうんどう》。幕府《ばくふ》と朝廷《ちょうてい》との溝《みぞ》を解消《かいしょう》するために、孝明《こうめい》天皇《てんのう》の妹《いもうと》である和宮《かずのみや》が将軍《しょうぐん》の家茂《いえもち》と結婚《けっこん》することに。皇族《こうぞく》の女性《じょせい》が皇族以外《こうぞくいがい》の男性《だんせい》と結婚《けっこん》することを「降嫁《こうか》」といい、和宮《かずのみや》の結婚《けっこん》は武家《ぶけ》へ降嫁《こうか》するめずらしい例《れい》だった。

45

公武合体《こうぶがったい》のために降嫁《こうか》させられた皇女《こうじょ》

和宮（かずのみや）

生没年《せいぼつねん》

1846～1877年《ねん》
（享年《きょうねん》32歳《さい》）

出身地《しゅっしんち》

山城国京都《やましろのくにきょうと》

身分《みぶん》

考明天皇《こうめいてんのう》の妹《いもうと》
徳川家茂正室《とくがわいえもちせいしつ》

家紋《かもん》

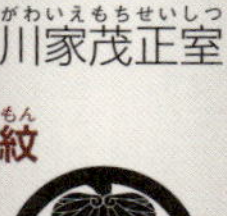

人物《じんぶつ》データ

体力《たいりょく》
■■■■□

知力《ちりょく》
■■■■□

忠義心《ちゅうぎしん》
■■■■■

ユーモア
■■■□□

モテ度《ど》
■■■■■

病死《びょうし》だったが、徳川存続《とくがわそんぞく》のために奔走《ほんそう》した体力《たいりょく》を評価《ひょうか》したい。

特技《とくぎ》
徳川《とくがわ》を守《まも》ること

武器《ぶき》
愛《あい》

思想《しそう》
尊王《そんのう》・佐幕《さばく》

死に様《しにざま》
病死《びょうし》

いやいや嫁入《よめい》りしたが徳川《とくがわ》につくした人生《じんせい》

公武合体運動《こうぶがったいうんどう》（↓145ページ）により、17歳《さい》で政略結婚《せいりゃくけっこん》させられた皇女《こうじょ》が和宮《かずのみや》だ。彼女《かのじょ》には、有栖川宮熾仁親王《ありすがわのみやたるひとしんのう》という婚約者《こんやくしゃ》がいた。「尼《あま》になっても徳川《とくがわ》に嫁入《よめい》りなどしたくない」とこばんだが、彼女《かのじょ》の意思《いし》は通《とお》らなかった。しかし嫁入《よめい》り後《ご》は、家茂《いえもち》の優《やさ》しさに心《こころ》を開《ひら》き、二人《ふたり》はとてもよい夫婦《ふうふ》となった。

家茂《いえもち》の死後《しご》、京《きょう》へ戻《もど》るようにという誘《さそ》いをつっぱねて、徳川家《とくがわけ》の女《おんな》として生《い》きた。江戸《えど》城《じょう》無血開城《むけつかいじょう》（↓70ページ）時《じ》には、徳川家《とくがわけ》の存続《そんぞく》を新政府《しんせいふ》に訴《うった》えた。和宮《かずのみや》の力《ちから》ぞえがなければ無血開城《むけつかいじょう》は実現《じつげん》しなかったといわれている。

もし家茂《いえもち》への想《おも》いがなければ、無血開城時《むけつかいじょうじ》の行動《こうどう》も違《ちが》っていたかも。愛《あい》が江戸《えど》を救《すく》った、と言《い》ってもあながち間違《まちが》いではないだろう。

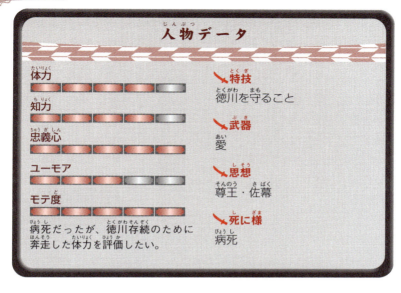

もっと知《し》りたい!

和宮《かずのみや》ってどんな人《ひと》?

度肝《どぎも》をぬく皇女降嫁《こうじょこうか》の行列《ぎょうれつ》

1862年《ねん》、和宮《かずのみや》は皇女降嫁《こうじょこうか》という形《かたち》で家茂《いえもち》に嫁入《よめい》りした。このとき、公家《くげ》や女官《にょかん》など数千《すうせん》人《にん》をしたがえての大行列《だいぎょうれつ》だったという。おごそかでありながら、あでやかな大行列《だいぎょうれつ》に人々《ひとびと》はさぞ驚《おどろ》いたことだろう。

結婚後《けっこんご》4年《ねん》で家茂《いえもち》は病死《びょうし》。同居《どうきょ》は2年半《ねんはん》ほどしかなく、子《こ》どももできなかった。死後《しご》は「夫《おっと》のとなりに」という遺言《ゆいごん》を残《のこ》し、家茂《いえもち》の墓《はか》がある芝《しば》・増上寺《ぞうじょうじ》に埋葬《まいそう》された。

家茂《いえもち》の死後《しご》は尼《あま》となり、「静寛院宮《せいかんいんのみや》」とよばれた。

婚約者《こんやくしゃ》だった有栖川宮熾仁親王《ありすがわのみやたるひとしんのう》は?

和宮《かずのみや》の婚礼《こんれい》により婚約者《こんやくしゃ》を失《うしな》った有栖《ありす》川宮熾仁親王《がわのみやたるひとしんのう》。のちに結婚《けっこん》した相手《あいて》は徳《とく》川慶喜《がわよしのぶ》(→140ページ)の妹《いもうと》、徳川《とくがわ》貞子《さだこ》だった。

兄《あに》・孝明天皇《こうめいてんのう》ってどんな人《ひと》？

開国《かいこく》か攘夷《じょうい》かで、日本中《にほんじゅう》の意見《いけん》が対立《たいりつ》しているとき、一貫《いっかん》して攘《じょう》夷側《いがわ》にたっていたのが孝明天皇《こうめいてんのう》だ。「日本《にほん》が他国《たこく》と交流《こうりゅう》するのは神《かみ》の国《くに》である日本《にほん》に傷《きず》がつく」というのが孝明天皇《こうめいてんのう》の考《かんが》えだった。彼《かれ》は頑固《がんこ》なまでに攘夷《じょうい》をせまるくせに、過《か》激《げき》な攘夷派《じょういは》のことは毛嫌《けぎら》いし、周《しゅう》囲《い》をこまらせた。慶喜《よしのぶ》が将軍《しょうぐん》についた直後《ちょくご》に孝明天皇《こうめいてんのう》は死亡《しぼう》。病死《びょうし》とされたが、時期《じき》が時期《じき》だけに、暗殺説《あんさつせつ》も根強《ねづよ》い。

孝明天皇《こうめいてんのう》の妄想《もうそう》“ペリーは食人鬼《しょくじんき》！？”

ペリー（→192ページ）の来航《らいこう》時《じ》、公家《くげ》から「ペリーは漢字《かんじ》が読《よ》めない。日本語《にほんご》をあまり話《はな》せず、モズのように意味不明《いみふめい》のことを口《くち》にする」「娘《むすめ》の肉《にく》を食《た》べ（実《じつ》はステーキ）、生《い》き血《ち》（実《じつ》はワイン）を飲《の》んでいる」などと報告《ほうこく》をうけた。これにより、かたくなな態度《たいど》をさらにかたくしたのではないだろうか。

46

将軍《しょうぐん》のあと継《つ》ぎ問題《もんだい》の原因《げんいん》となった篤姫《あつひめ》の夫《おっと》

徳川家定（とくがわ　いえさだ）

生没年《せいぼつねん》

1824～1858年《ねん》
（享年《きょうねん》35歳《さい》）

出身地《しゅっしんち》

武蔵国江戸《むさしのくにえど》

身分《みぶん》

徳川《とくがわ》13代将軍《だいしょうぐん》

家紋《かもん》

ペリー来航後《らいこうご》に将軍《しょうぐん》になる

徳川家定《とくがわいえさだ》は、ペリー（→192ページ）が日本《にほん》にやってきて国中《くにじゅう》が大騒《おおさわ》ぎのなか、30歳《さい》で第《だい》13代将軍《だいしょうぐん》に就任《しゅうにん》した。篤姫《あつひめ》（→112ページ）の夫《おっと》でもある。生《う》まれつきからだが弱《よわ》く子《こ》どももできなかったため、あと継《つ》ぎ問題《もんだい》がおきた。彼《かれ》には政治《せいじ》を動《うご》かす能力《のうりょく》はなかったが、お菓子《かし》をつくって家臣《かしん》にふるまうなど、家臣《かしん》を気《き》づかう面《めん》もあったという。

家定《いえさだ》は将軍《しょうぐん》となってから、5年《ねん》で病死《びょうし》。たった5年《ねん》とみるか、能力《のうりょく》のない人間《にんげん》が5年《ねん》も？　とみるか。

人物《じんぶつ》データ

体力《たいりょく》

知力《ちりょく》

忠義心《ちゅうぎしん》

ユーモア

モテ度《ど》

生《う》まれつきからだが弱《よわ》く、頭《あたま》もあまりよくなかったとされる。申《もう》し訳《わけ》ないが全体的《ぜんたいてき》に低《ひく》め。

特技《とくぎ》

お菓子《かし》づくり

武器《ぶき》

将軍《しょうぐん》の権威《けんい》

思想《しそう》

佐幕《さばく》

死《し》に様《ざま》

病死《びょうし》

もっと知《し》りたい！

奇妙《きみょう》な行動《こうどう》が多《おお》かった

彼《かれ》は気《き》に入《い》らないことがあると大声《おおごえ》をあげるなど、まわりが心配《しんぱい》になるような行動《こうどう》が多《おお》かった。大声《おおごえ》くらいならまだいいのだが、やっかいなのは銃《じゅう》を持《も》って家臣《かしん》を追《お》いまわすこともあったとか。庭《にわ》で飼《か》っているガチョウを追《お》いかけまわすこともあったという。

世《よ》がペリー来航《らいこう》などで動乱《どうらん》している最中《さいちゅう》に、家《いえ》のなかでも騒《さわ》ぎをおこしていたのだから、家《か》臣《しん》は大変《たいへん》だったことだろう。

大奥《おおおく》ってどんなところ？

江戸城《えどじょう》には、将軍《しょうぐん》の妻《つま》や子《こ》ども、女中《じょちゅう》たちが住《す》んでいた「大奥《おおおく》」という一角《いっかく》がある。

「女《おんな》しかいないところでしょ？」

「いじめがすごかった場所《ばしょ》だよね？」

そんなイメージばかりがある大奥《おおおく》だが、本当《ほんとう》は一体《いったい》どんなところだったんだろう？

将軍《しょうぐん》のプライベート空間《くうかん》「大奥《おおおく》」

大奥《おおおく》は将軍《しょうぐん》の妻《つま》などの女性《じょせい》だけが住《す》んでいた江戸城内《えどじょうない》の一角《いっかく》。将軍《しょうぐん》が政治《せいじ》を行《おこな》う「表《おもて》」と、プライベートな空間《くうかん》の「奥《おく》」が分《わ》けられ、将軍《しょうぐん》の妻《つま》や関係者《かんけいしゃ》がいる場所《ばしょ》が「大奥《おおおく》」とされた。

美女《びじょ》3000人《にん》が住《す》んでいる!?

篤姫《あつひめ》（→112ページ）や、和宮《かずのみや》（→146ページ）もここに住《す》んで、かげから政治《せいじ》を支《ささ》えていた。また、美女《びじょ》3000人《にん》が住《す》んでいたともいわれる。本当《ほんとう》は1000人前後《にんぜんご》だったというが、いずれにしても、たくさんの女性《じょせい》がここに住《す》み、徳川家《とくがわけ》の「奥《おく》」を支《ささ》えながら生活《せいかつ》をしていたのだ。

将軍《しょうぐん》の妻《つま》も住《す》んでいたが、ここにいたのはほとんどが女中《じょちゅう》たち。彼女《かのじょ》らは接《せっ》待役《たいやく》、小間使《こまづか》い、服《ふく》の仕立《した》て係《がかり》、髪《かみ》を結《ゆ》う係《かかり》、火《ひ》の元《もと》の係《かかり》、料理《りょうり》係《がかり》、茶《ちゃ》の係《かかり》……など、多《おお》くの役《やく》職《しょく》に分《わ》かれていた。

大奥《おおおく》のきまりごとが整備《せいび》される

大奥《おおおく》は初代将軍家康《しょだいしょうぐんいえやす》の時代《じだい》からあった場所《ばしょ》だが、当時《とうじ》その区切《くぎ》りはあいまいだった。

3代将軍家光《だいしょうぐんいえみつ》のころ、春日局《かすがのつぼね》（家光《いえみつ》の乳母《うば》）が大奥《おおおく》の役職《やくしょく》などを整《ととの》え、きまりの厳《きび》しい大奥《おおおく》ができあがっていった。

大奥《おおおく》に入《はい》るには許可《きょか》が必要《ひつよう》で、内部《ないぶ》の者《もの》は外《がい》出許可《しゅっきょか》も必要《ひつよう》。将軍以外《しょうぐんいがい》の男《おとこ》の出入《でい》りを禁《きん》じる、女性《じょせい》だけの世界《せかい》だった。

大奥《おおおく》の終《お》わり

1868年《ねん》、江戸城無血開城《えどじょうむけつかいじょう》（→70ページ）により大奥《おおおく》も終《お》わりをむかえる。最後《さいご》までたちのこうとしなかった篤姫《あつひめ》を「3日間《かかん》、明《あ》け渡《わた》すだけだ」と家臣《かしん》らが説得《せっとく》して別《べつ》の場所《ばしょ》に行《い》かせ、そのすきに大奥《おおおく》も新政府軍《しんせいふぐん》にひき渡《わた》された。

大奥《おおおく》の厳《きび》しいきまり「大奥法度《おおおくはっと》」

1618年《ねん》に、第《だい》2代将軍秀忠《だいしょうぐんひでただ》の手《て》により「大奥法度《おおおくはっと》」が決《き》められた。項目《こうもく》は次《つぎ》の5つだけだったが、厳守《げんしゅ》しなければならなかった。

一、大奥《おおおく》を修理《しゅうり》したり掃除《そうじ》したりなどの用事《ようじ》があるときは、監督責任者《かんとくせきにんしゃ》がつきそうこと。

一、大奥《おおおく》には、男《おとこ》は立《た》ち入《い》ってはならない。

一、女《おんな》であっても許可証《きょかしょう》なしに大奥《おおおく》へ出入《でい》りしてはならない。

一、午後《ごご》6時過《じす》ぎの出入《でい》りを禁《きん》じる。大急《おおいそ》ぎで走《はし》って帰《かえ》ってきても追《お》い返《かえ》すこと。

一、監督責任者《かんとくせきにんしゃ》は1日《にち》ごとに交代《こうたい》で大奥《おおおく》に詰《つ》め、違反者《いはんしゃ》があればすぐに報告《ほうこく》すること。隠《かく》せば厳罰《げんばつ》をあたえる。

47

安政《あんせい》の大獄《たいごく》を断行《だんこう》した幕府《ばくふ》大老《たいろう》

井伊直弼（いい なおすけ）

独断《どくだん》で開国《かいこく》し、志士《しし》を弾圧《だんあつ》

彦根《ひこね》藩主《はんしゅ》の十四男《じゅうよんなん》として生《う》まれた井伊直弼《いいなおすけ》。あと継《つ》ぎの権利《けんり》がなかった彼《かれ》の人生《じんせい》は、36歳《さい》で激変《げきへん》する。あととりの兄《あに》が病死《びょうし》し、突然《とつぜん》彦根《ひこね》藩《はん》を継《つ》ぐことに！

その数年後《すうねんご》ペリー（↓192ページ）が来航《らいこう》し、多《おお》くの大名《だいみょう》が鎖国《さこく》と攘夷《じょうい》をとなえるなか、大老《たいろう》となっていた彼《かれ》は開国《かいこく》を主張《しゅちょう》、独断《どくだん》でアメリカと条約《じょうやく》を結《むす》んでしまった。その後《ご》、幕府《ばくふ》にはむかう勢力《せいりょく》を安政《あんせい》の大獄《たいごく》（↓156ページ）で大弾圧《だいだんあつ》。尊攘派《そんじょうは》の怒《いか》りが爆発《ばくはつ》し、江戸城《えどじょう》桜田門外《さくらだもんがい》で暗殺《あんさつ》された。

生没年《せいぼつねん》
1815～1860年《ねん》
（享年《きょうねん》46歳《さい》）

出身地《しゅっしんち》
近江国彦根《おうみのくにひこね》

身分《みぶん》
彦根藩主《ひこねはんしゅ》
江戸幕府大老《えどばくふたいろう》

家紋《かもん》

人物《じんぶつ》データ

体力《たいりょく》

知力《ちりょく》

忠義心《ちゅうぎしん》

ユーモア

モテ度《ど》

学問《がくもん》と武道《ぶどう》に秀《ひい》でていたので知力《ちりょく》・体力《たいりょく》ともに高《たか》い。執筆《しっぴつ》や作曲《さっきょく》をする遊《あそ》び心《ごころ》があり、ユーモアも5。

特技《とくぎ》

新心流《しんしんりゅう》居合術《いあいじゅつ》・茶道《さどう》・歌道《かどう》・作曲《さっきょく》

武器《ぶき》

日本刀《にほんとう》

思想《しそう》

開国《かいこく》・佐幕《さばく》

死《し》に様《ざま》

暗殺《あんさつ》

もっと知《し》りたい！

自分《じぶん》の利益《りえき》にしない潔癖《けっぺき》さ

養父《ようふ》の直亮《なおあき》が死《し》んだとき、彼《かれ》は15万両《まんりょう》(当時《とうじ》の井伊家《いいけ》の年収《ねんしゅう》に相当《そうとう》する額《がく》)を相続《そうぞく》したが、自分《じぶん》の懐《ふところ》には一切《いっさい》入《い》れなかったという。すべて家臣《かしん》に分配《ぶんぱい》したのだ。井伊《いい》が私利私欲《しりしよく》で動《うご》くのではなく、潔癖《けっぺき》な人物《じんぶつ》だったことがわかるエピソードだ。

大老《たいろう》のもうひとつの顔《かお》は作家《さっか》?

彼《かれ》は石州流《せきしゅうりゅう》という茶道《さどう》を学《まな》び、のちに自分《じぶん》で流派《りゅうは》をおこすほどになり、著書《ちょしょ》を残《のこ》している。また歌道《かどう》も学《まな》び、歌集《かしゅう》も出版《しゅっぱん》している。怖《こわ》いイメージの大老《たいろう》は、作家《さっか》でもあったのだ！　また、狂言《きょうげん》の曲《きょく》をつくる作曲家《さっきょくか》でもあった。

幕末事件簿《ばくまつじけんぼ》！

安政《あんせい》の大獄《たいごく》と桜田門外《さくらだもんがい》の変《へん》

「安政《あんせい》の大獄《たいごく》」は、は1858年《ねん》（安政《あんせい》5年《ねん》）から江戸幕府《えどばくふ》が尊王攘夷派《そんのうじょういは》に対《たい》して行《おこな》った弾圧《だんあつ》（権力《けんりょく》を使《つか》って危害《きがい》や圧力《あつりょく》を加《くわ》えること）で、多《おお》くの志士《しし》たちが命《いのち》を落《お》としたり、投獄《とうごく》されたりした事件《じけん》。江戸幕府大老《えどばくふたいろう》の井伊直弼《いいなおすけ》（→154ページ）が中心《ちゅうしん》になって行《おこな》ったため、井伊《いい》は1860年《ねん》に水戸浪士《みとろうし》らによって、江戸城桜田門《えどじょうさくらだもん》の外《そと》で暗殺《あんさつ》された。

安政《あんせい》の大獄《たいごく》はじまる

きっかけは、アメリカと日本《にほん》が自由《じゆう》に貿易《ぼうえき》をしてもいいこと、いくつかの港《みなと》に外国船《がいこくせん》が出入《でい》りしてもいいことなどを取《と》り決《き》めた「日米修好通商条約《にちべいしゅうこうつうしょうじょうやく》」（→194ページ）を井伊《いい》らが結《むす》んだことだった。本当《ほんとう》なら国《くに》にかかわる大切《たいせつ》なきまりは朝廷《ちょうてい》の許可《きょか》が必要《ひつよう》であるのに、無許可《むきょか》で結《むす》んでしまったのだ。また、井伊《いい》が第《だい》14代将軍《だいしょうぐん》に徳川家茂《とくがわいえもち》（→144ページ）をおして強引《ごういん》に決定《けってい》したことも重《かさ》なった。

それに対《たい》して尊王攘夷派《そんのうじょういは》の志士《しし》たちや、徳川慶喜《とくがわよしのぶ》（→140ページ）を将軍《しょうぐん》におしていた一橋派《ひとつばしは》の大名《だいみょう》や志士《しし》たちから「なに勝手《かって》なことしてんだよ！」と反発《はんぱつ》をうけた。井伊《いい》は権力《けんりょく》を使《つか》って反対派《たいは》をおさえつけた。「うるさい、だまってろ！お前《まえ》らみんな罪人《ざいにん》にしてやる！」ということだ。

これにより、吉田松陰《よしだしょういん》(→86ページ)や橋本左内《はしもとさない》(→198ページ)などが斬首《ざんしゅ》となるなど、罪人《ざいにん》となった者《もの》は100人以上《にんいじょう》。なかでも水戸藩《みとはん》はとくに大《おお》きな被害《ひがい》をうけた。

江戸城桜田門外《えどじょうさくらだもんがい》で襲《おそ》われる

大弾圧《だいだんあつ》を行《おこな》った井伊《いい》だが、とうとう復讐《ふくしゅう》されるときがきた。1860年《ねん》(万延元年《まんえんがんねん》)3月《がつ》3日《か》、江戸城桜田門外《えどじょうさくらだもんがい》で水戸藩《みとはん》の脱藩浪士《だっぱんろうし》たち18名《めい》が、井伊《いい》の行列《ぎょうれつ》を襲《おそ》ったのだ。これを、桜田《さくらだ》門《もん》の外《そと》でおきた事件《じけん》のため、「桜田門外《さくらだもんがい》の変《へん》」という。井伊《いい》が暗殺《あんさつ》されたことにより、安政《あんせい》の大獄《たいごく》は終《お》わりをむかえたのだった。また、これらの事件《じけん》は、幕府《ばくふ》の力《ちから》が失《うしな》われていくきっかけともなった。

48

開国《かいこく》のカギをにぎった老中《ろうじゅう》のトップ

阿部正弘（あべ　まさひろ）

生没年《せいぼつねん》

1819～1857年《ねん》

(享年《きょうねん》39歳《さい》)

出身地《しゅっしんち》

備後国福山藩《びんごのくにふくやまはん》

江戸屋敷《えどやしき》

身分《みぶん》

福山藩主《ふくやまはんしゅ》

江戸幕府老中《えどばくふろうじゅう》

家紋《かもん》

広《ひろ》く意見《いけん》を聞《き》き、条約《じょうやく》に調印《ちょういん》

福山藩主《ふくやまはんしゅ》だった阿部正弘《あべまさひろ》が、幕府老中《ばくふろうじゅう》となったのは25歳《さい》のとき。彼《かれ》は海防《かいぼう》に力《ちから》を入《い》れ、長崎《ながさき》に海軍伝習所《かいぐんでんしゅうじょ》(士官学校《しかんがっこう》)を開《ひら》いた。また、勝海舟《かつかいしゅう》(↓64ページ)などの優秀《ゆうしゅう》な者《もの》を幕臣《ばくしん》に登用《とうよう》し、外国《がいこく》の脅威《きょうい》への対策《たいさく》をとった。さらに、諸大名《しょだいみょう》や幕臣《ばくしん》などに外国《がいこく》への対応方法《たいおうほうほう》の意見《いけん》をつのった。これは民主的《みんしゅてき》な方法《ほうほう》だったが、幕府《ばくふ》の権威《けんい》も落《お》としてしまうことになる。

日米和親条約《にちべいわしんじょうやく》(↓194ページ)に調印《ちょういん》し日《に》本《ほん》を開国《かいこく》にむかわせたが、その2年後《ねんご》に病死《びょうし》。開国後《かいこくご》の日本《にほん》を見《み》ることはなかった。

人物《じんぶつ》データ

体力《たいりょく》

知力《ちりょく》

忠義心《ちゅうぎしん》

ユーモア

モテ度《ど》

ひょうたんでナマズをおさえるタイプだと考《かんが》えると、ユーモアは高《たか》めかも？

特技《とくぎ》

軍備《ぐんび》・外交《がいこう》

武器《ぶき》

日本刀《にほんとう》

思想《しそう》

開国《かいこく》・佐幕《さばく》

死に様《しにざま》

病死《びょうし》

もっと知《し》りたい！

ひょうたんでナマズをおさえるタイプ？

彼《かれ》はおとなしく、本音《ほんね》をみせないタイプだったという。水戸《みと》藩主《はんしゅ》の徳川斉昭《とくがわなりあき》は「激怒《げきど》などせず、ひょうたんでナマズをおさえようとするような人《ひと》」と表現《ひょうげん》した。

ひょうたんでナマズ……？　斉昭《なりあき》にどういう意味《いみ》か聞《き》いてみたいが、おそらく、柔軟《じゅうなん》だがつかみどころもないといった意味《いみ》だろう。

49

幕府《ばくふ》に仕《つか》えるも、のちに新政府《しんせいふ》で活躍《かつやく》
榎本武揚（えのもと　たけあき）

生没年《せいぼつねん》
1836～1908年《ねん》
(享年《きょうねん》73歳《さい》)

出身地《しゅっしんち》
武蔵国《むさしのくに》江戸《えど》

身分《みぶん》
幕臣《ばくしん》

家紋《かもん》

蝦夷共和国《えぞきょうわこく》をつくり、総裁《そうさい》の座《ざ》につく

榎本武揚《えのもとたけあき》は、戊辰戦争《ぼしんせんそう》(↓44ページ)で幕府《ばくふ》の海軍《かいぐん》をひきいて蝦夷《えぞ》(北海道《ほっかいどう》)へ渡《わた》り、支配《しはい》下《か》においた。「蝦夷共和国《えぞきょうわこく》」として新政府《しんせいふ》に対《たい》抗《こう》し、選挙《せんきょ》によって総裁《そうさい》となる。武士《ぶし》による新《あら》たな国家《こっか》として、イギリスやフランスの領《りょう》事《じ》から認《みと》められるほどだった。

しかし、五稜郭《ごりょうかく》の戦《たたか》い(↓162ページ)で榎本《えのもと》らは敗北《はいぼく》、2年《ねん》に渡《わた》る戊辰戦争《ぼしんせんそう》は終結《しゅうけつ》した。榎本《えのもと》は罪人《ざいにん》として3年服役《ねんふくえき》する。罪《つみ》が許《ゆる》されてからは、新政府《しんせいふ》から北海道《ほっかいどう》の開拓使《かいたくし》を任《まか》された。また、いくつもの大臣《だいじん》を歴任《れきにん》した。

人物《じんぶつ》データ

体力《たいりょく》
■■■■□

知力《ちりょく》
■■■■■

忠義心《ちゅうぎしん》
■■■■□

ユーモア
■■■□□

モテ度《ど》
■■■□□

広《ひろ》い知識《ちしき》をもつ頭脳派《ずのうは》。長生《ながい》きしたので体力《たいりょく》は高《たか》めか。

特技《とくぎ》
航海術《こうかいじゅつ》・語学《ごがく》

武器《ぶき》
日本刀《にほんとう》

思想《しそう》
開国《かいこく》・佐幕《さばく》

死《し》に様《ざま》
病死《びょうし》

もっと知《し》りたい！

広《ひろ》い知識《ちしき》をもち、政治《せいじ》に役立《やくだ》てる

彼《かれ》は子《こ》どものころから中浜万次郎《なかはままんじろう》（↓135ページ）の開《ひら》いた英語塾《えいごじゅく》に通《かよ》うなどして海外《かいがい》の知識《ちしき》を身《み》につけた。また、航海術《こうかいじゅつ》、戦術《せんじゅつ》、蒸気学《じょうきがく》、化学《かがく》などを海軍伝習所《かいぐんでんしゅうじょ》（士官学校《しかんがっこう》）で学《まな》び、オランダにも留学《りゅうがく》、のちに海軍副総裁《かいぐんふくそうさい》となった。

軍艦《ぐんかん》をひきつれて脱走《だっそう》

江戸城無血開城《えどじょうむけつかいじょう》（↓70ページ）の条件《じょうけん》のひとつに、新政府軍《しんせいふぐん》に軍艦《ぐんかん》をひき渡《わた》すというものがあったが、榎本《えのもと》はそれを拒否《きょひ》。旧幕府軍《きゅうばくふぐん》の軍艦《ぐんかん》13隻《せき》をひきいて脱走《だっそう》した。海《うみ》から薩摩《さつま》などを攻撃《こうげき》する計画《けいかく》だったが、途中《とちゅう》で勝海舟《かつかいしゅう》（↓64ページ）にたしなめられてあきらめた。再《ふたた》び8隻《せき》の船《ふね》を出《だ》して、蝦夷《えぞ》にむかったのは4か月後《げつご》だった。

50

大鳥圭介（おおとり けいすけ）

医者《いしゃ》から幕臣《ばくしん》となった頭脳派《ずのうは》

生没年《せいぼつねん》
1833〜1911年《ねん》
（享年《きょうねん》79歳《さい》）

出身地《しゅっしんち》
播磨国赤穂《はりまのくにあこう》

身分《みぶん》
幕臣《ばくしん》

家紋《かもん》

やわらか頭《あたま》のインテリ

大鳥圭介《おおとりけいすけ》をひと言《こと》で表現《ひょうげん》するなら「頭《あたま》のよい人《ひと》」だ。彼《かれ》は医学《いがく》・兵学《へいがく》・科学《かがく》・工学《こうがく》・数《すう》学《がく》を身《み》につけ、さらに英語《えいご》やフランス語《ご》も話《はな》せるというインテリだ。

1869年《ねん》、五稜郭《ごりょうかく》の戦《たたか》いで新政府軍《しんせいふぐん》に追《お》いこまれたとき、彼《かれ》は名《めい》ゼリフを残《のこ》した。みんなが自決《じけつ》を覚悟《かくご》するなか「ここは降参《こうさん》とシャレてみよう」と言《い》い、まわりを驚《おどろ》かせたのだ。大鳥《おおとり》はおそらくガチガチのエリートではなく、やわらか頭《あたま》をもちあわせていたのだろう。

五稜郭《ごりょうかく》の戦《たたか》い

戊辰戦争《ぼしんせんそう》（→44ページ）における、最後《さいご》の戦《たたか》い。榎本武揚《えのもとたけあき》（→160ページ）・大鳥《おおとり》らが箱館《はこだて》の五稜郭《ごりょうかく》を本拠地《ほんきょち》にしたため、こうよばれている。

51

伊庭八郎（いば　はちろう）

片腕《かたうで》で戦《たたか》った伊庭《いば》の小天狗《こてんぐ》

宮本武蔵《みやもとむさし》に影響《えいきょう》をうけた？

幼《おさな》いころは勉強《べんきょう》のほうが好《す》きで、からだも弱《よわ》かった伊庭《いば》。しかし、宮本武蔵《みやもとむさし》の絵《え》を見《み》てから剣術《けんじゅつ》に熱中《ねっちゅう》するようになったという。

片腕《かたうで》になっても幕府《ばくふ》のために戦《たたか》う

「伊庭《いば》の小天狗《こてんぐ》」とよばれ、山岡鉄舟《やまおかてっしゅう》（→165ページ）と互角《ごかく》に戦《たたか》えるほどの剣術《けんじゅつ》をもち、その腕前《うでまえ》を幕府《ばくふ》の遊撃隊《ゆうげきたい》（親衛隊《しんえいたい》）の隊《たい》長《ちょう》として十分《じゅうぶん》に発揮《はっき》した。小天狗《こてんぐ》といわれるからには、かなりの身軽《みがる》さと身《み》のこなしだったはず。

鳥羽《とば》・伏見《ふしみ》の戦《たたか》い（→44ページ）に出陣《しゅつじん》して負傷《ふしょう》するも、その戦《たたか》いぶりは敵《てき》の指揮官《しきかん》が感《かん》心《しん》するほど。箱根《はこね》でおきた戦《たたか》いで左手《ひだりて》を切断《せつだん》される重傷《じゅうしょう》を負《お》ったが、片腕《かたうで》で剣《けん》をふるって戦《たたか》い続《つづ》けた、とんでもないファイターだ。

生没年《せいぼつねん》

1843～1869年《ねん》
（享年《きょうねん》26歳《さい》）

出身地《しゅっしんち》

武蔵国江戸《むさしのくにえど》

身分《みぶん》

幕臣《ばくしん》
遊撃隊隊長《ゆうげきたいたいちょう》

家紋《かもん》

52

清河八郎《きよかわはちろう》を斬《き》り、坂本龍馬《さかもとりょうま》までも!?

佐々木只三郎（ささき　ただざぶろう）

日本一《にほんいち》の小太刀《こだち》の腕《うで》で清河《きよかわ》を亡《な》き者《もの》に

佐々木只三郎《ささきただざぶろう》は清河八郎《きよかわはちろう》（↓199ページ）を暗殺《あんさつ》した人物《じんぶつ》だ。清河《きよかわ》の横浜外国人居留地《よこはまがいこくじんきょりゅうち》襲撃計画《しゅうげきけいかく》を知《し》った幕府《ばくふ》から暗殺《あんさつ》を依頼《いらい》され、実行《じっこう》した。また彼《かれ》は、坂本龍馬《さかもとりょうま》（↓48ページ）の暗殺《あんさつ》でも指揮《しき》をとったという説《せつ》もある。

清河《きよかわ》や坂本《さかもと》のような腕《うで》のたつ人物《じんぶつ》を暗殺《あんさつ》しただなんて、どれだけの剣《けん》の腕《うで》をもっていたのか？　彼《かれ》は子《こ》どものときから剣術《けんじゅつ》と柔術《じゅうじゅつ》をあわせた神道精武流《しんとうせいぶりゅう》を修業《しゅぎょう》していて、「小太《こだ》刀《ち》をとっては日本一《にほんいち》の男《おとこ》」といわれるほどだった。敵《てき》にまわすと恐《おそ》ろしいタイプの男《おとこ》だ。

生没年《せいぼつねん》
1833〜1868年《ねん》
（享年《きょうねん》36歳《さい》）

出身地《しゅっしんち》
陸奥国会津《むつのくにあいづ》

身分《みぶん》
幕臣《ばくしん》
京都見廻組隊士《きょうとみまわりぐみたいし》

家紋《かもん》

53

鬼鉄《おにてつ》とよばれた不殺《ふさつ》の剣豪《けんごう》

山岡鉄舟（やまおか てっしゅう）

座禅《ざぜん》を組《く》んだまま死亡《しぼう》

山岡《やまおか》は無刀流《むとうりゅう》という剣《けん》の流派《りゅうは》をおこした。これは無心《むしん》の境地《きょうち》（まよいやくもりのない心《こころ》）を説《と》くものだった。彼《かれ》は座禅《ざぜん》を組《く》んだまま病死《びょうし》したのだが、無心《むしん》の境地《きょうち》に達《たっ》しながらの死《し》だったのかもしれない。

生没年《せいぼつねん》
1836～1888年《ねん》
（享年《きょうねん》53歳《さい》）

出身地《しゅっしんち》
武蔵国江戸《むさしのくにえど》

身分《みぶん》
幕臣《ばくしん》

家紋《かもん》

江戸城無血開城《えどじょうむけつかいじょう》をかげで支《ささ》えた

山岡鉄舟《やまおかてっしゅう》は、もとは過激《かげき》な攘夷論者《じょういろんしゃ》。28歳《さい》のときには清河八郎《きよかわはちろう》（→１９９ページ）と組《く》み、浪士組《ろうしぐみ》の結成《けっせい》にかかわった。

江戸城無血開城《えどじょうむけつかいじょう》（→70ページ）のときには、西郷隆盛《さいごうたかもり》（→56ページ）が出《だ》した条件《じょうけん》のうち、徳川慶喜《とくがわよしのぶ》（→１４０ページ）の岡山藩《おかやまはん》ひき渡《わた》しだけは認《みと》められないと西郷《さいごう》に嘆願《たんがん》した。山岡《やまおか》の説得《せっとく》があったからこそ、勝海舟《かつかいしゅう》（→64ページ）と西郷《さいごう》の会談《かいだん》もうまくいったといわれている。剣《けん》の達人《たつじん》が言論《げんろん》で戦《たたか》い、血《ち》を流《なが》す時代《じだい》の終《お》わりを暗示《あんじ》するようなエピソードだ。

こっそり教《おし》えて！ そぼくなギモン

幕末《ばくまつ》のQ&A

江戸時代《えどじだい》から明治《めいじ》へと大《おお》きく変《か》わっていく日本《にほん》。そんななかを生《い》きた人物《じんぶつ》たちのエピソードを知《し》れば知《し》るほどわいてくるギモンもあるはず。ここでいろいろ学《まな》んでいこう！

質問《しつもん》1 道場《どうじょう》は、習《なら》い事《ごと》をする場所《ばしょ》？

今《いま》では剣道《けんどう》は習《なら》い事《ごと》かもしれんが、当時武士《とうじぶし》は必《かなら》ず剣術《けんじゅつ》を身《み》につけておかなければいけなかったのじゃ。彼《かれ》らは道場《どうじょう》で剣術《けんじゅつ》を学《まな》ぶだけでなく、国《くに》の動《うご》きや政治《せいじ》を語《かた》りあったり、人《じん》脈《みゃく》を広《ひろ》げたりした。自分《じぶん》の思想《しそう》をハッキリさせるための大事《だいじ》な場所《ばしょ》だったのじゃ。

質問《しつもん》2 戊辰戦争《ぼしんせんそう》で使《つか》われた近代兵器《きんだいへいき》ってそんなにすごいの？

佐賀藩《さがはん》は命中度《めいちゅうど》や破裂率《はれつりつ》の高《たか》い、イギリス製《せい》の「アームストロング砲《ほう》」を使《つか》った。その威力《いりょく》は「天柱《てんちゅう》くじけ、地軸《ちじく》ゆらぎ、石塔《せきとう》をくだく」と書物《しょもつ》に書《か》かれたくらいスゴイものだったのじゃ。

質問《しつもん》3 西郷《さいごう》さんの写真《しゃしん》ってないの？

東京《とうきょう》の上野《うえの》に銅像《どうぞう》もある西郷隆盛《さいごうたかもり》（→56ページ）じゃが、本当《ほんとう》の顔《かお》は謎《なぞ》だといわれておるな。なにせ、やつは写真嫌《しゃしんぎら》いでな。明治天皇《めいじてんのう》が写真《しゃしん》を欲《ほ》しがっても断《ことわ》ったくらいの筋金入《すじがねい》りじゃ。今《いま》、出《で》まわっている写真《しゃしん》は、どれも本物《ほんもの》といえる証拠《しょうこ》はないらしい。ワシは同《おな》じ時代《じだい》に生《い》きたから、顔《かお》か知《し》っておるがのう。ふぉふぉふぉ。

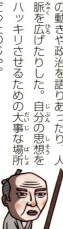

次《つぎ》のページから

維新《いしん》のヒーローたち⑤

その他《た》の藩《はん》のヒーローたち

54

松平容保（まつだいら かたもり）

旧幕府《きゅうばくふ》の象徴《しょうちょう》となった会津藩《あいづはん》最後《さいご》の藩主《はんしゅ》

生没年《せいぼつねん》

1835～1893年《ねん》
（享年《きょうねん》59歳《さい》）

出身地《しゅっしんち》

美濃国《みののくに》高須藩《たかすはん》
江戸屋敷《えどやしき》

身分《みぶん》

会津藩主《あいづはんしゅ》
京都守護職《きょうとしゅごしょく》

家紋《かもん》

人物《じんぶつ》データ

体力《たいりょく》
■■□□□

知力《ちりょく》
■■■■■

忠義心《ちゅうぎしん》
■■■■■■■■■■■■■■

ユーモア
■■■□□

モテ度《ど》
■■■■□

最後《さいご》まで幕府《ばくふ》のために戦《たたか》いぬいた容保《かたもり》。忠義心《ちゅうぎしん》は５では足《た》りないぐらいだ。

特技《とくぎ》
儒学《じゅがく》・国学《こくがく》＊

武器《ぶき》 日本刀《にほんとう》

思想《しそう》
佐幕《さばく》・公武合体《こうぶがったい》

死《し》に様《ざま》
病死《びょうし》

聡明《そうめい》な藩主《はんしゅ》は最後《さいご》まで幕府《ばくふ》に忠実《ちゅうじつ》

松平容保《まつだいらかたもり》は最後《さいご》の会津藩主《あいづはんしゅ》となった人物《じんぶつ》で、その重大《じゅうだい》な責任《せきにん》を負《お》わされたのは18歳《さい》のときだった。彼《かれ》が藩主《はんしゅ》となった数年後《すうねんご》、井伊直弼《いいなおすけ》（→154ページ）が水戸浪士《みとろうし》らに暗殺《あんさつ》された桜田門外《さくらだもんがい》の変《へん》（→156ページ）で、幕府《ばくふ》と水戸藩《みとはん》の関係《かんけい》が悪《わる》くなった。容保《かたもり》はそれを解決《かいけつ》するために、水戸藩《みとはん》と幕府《ばくふ》の仲《なか》を取《と》りもった。

また、危険《きけん》な状態《じょうたい》だった京都《きょうと》の治安《ちあん》を守《まも》る「京都守護職《きょうとしゅごしょく》」になり、佐幕派《さばくは》の浪士《ろうし》たちに「新選組《しんせんぐみ》」の名《な》をあたえ、京都《きょうと》を守《まも》らせた。

戊辰戦争《ぼしんせんそう》（→44ページ）でも新政府軍《しんせいふぐん》と徹底的《てっていてき》に戦《たたか》うが、時代《じだい》は完全《かんぜん》に倒幕《とうばく》の流《なが》れ。会津藩《あいづはん》は旧幕府《きゅうばくふ》の象徴《しょうちょう》として、見《み》せしめのように討伐《とうばつ》されたのだった。主君《しゅくん》に忠実《ちゅうじつ》だったがゆえに傷《きず》ついた者《もの》が多《おお》い幕末《ばくまつ》。彼《かれ》もその一人《ひとり》なのだ。

＊国学《こくがく》…日本《にほん》の文化《ぶんか》や思想《しそう》を研究《けんきゅう》する学問《がくもん》。

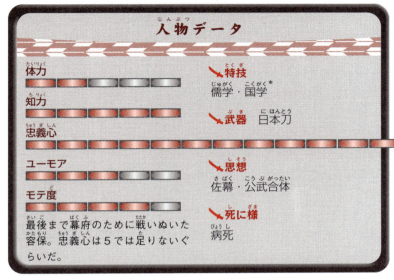

もっと知《し》りたい！ 松平容保《まつだいらかたもり》ってどんな人《ひと》？

容保《かたもり》の遺品《いひん》

容保《かたもり》はいつも竹筒《たけづつ》を持《も》ち歩《ある》いていたが、その中身《なかみ》がなにか、まわりの者《もの》は知《し》らなかったという。死後《しご》、遺族《いぞく》が中身《なかみ》を確《たし》かめると、孝明天皇《こうめいてんのう》からの手紙《てがみ》が入《はい》っていたとか。禁門《きんもん》の変《へん》（→85ページ）のときに長州藩《ちょうしゅうはん》を追《お》い返《かえ》し、天皇《てんのう》の信頼《しんらい》を得《え》ている容保《かたもり》。手紙《てがみ》を持《も》ち歩《ある》いていたのは、天皇《てんのう》に最《もっと》も信頼《しんらい》されていたことの証明《しょうめい》だったのだ。

徳川《とくがわ》と運命《うんめい》をともにせよ

会津藩《あいづはん》初代藩主《しょだいはんしゅ》の保科正之《ほしなまさゆき》は「会津藩《あいづはん》は徳川《とくがわ》と運命《うんめい》をともにせよ」と遺言《ゆいごん》を残《のこ》していた。時《とき》をへだてて藩主《はんしゅ》になった容保《かたもり》だが、初代《しょだい》の遺言《ゆいごん》を守《まも》りぬいた。会津戦争《あいづせんそう》のあとは、徳川家康《とくがわいえやす》をまつる神社《じんじゃ》・日光東照宮《にっこうとうしょうぐう》の宮司《ぐうじ》をつとめ、最後《さいご》まで徳川《とくがわ》に忠実《ちゅうじつ》に生《い》きたのだった。

京都守護職《きょうとしゅごしょく》に任命《にんめい》されたとき、家来《けらい》から「薪《まき》を背負《せお》って火《ひ》に飛《と》びこむようなものだ」と反《はん》対《たい》された。

壮絶《そうぜつ》だった会津戦争《あいづせんそう》

薩摩藩《さつまはん》と長州藩《ちょうしゅうはん》が同盟《どうめい》を結《むす》び、将軍《しょうぐん》が交代《こうたい》し、孝明天皇《こうめいてんのう》が亡《な》くなり——すべてが倒幕《とうばく》にむかう流《なが》れのなか、容保《かたもり》と会津藩《あいづはん》は徳川慶喜《とくがわよしのぶ》（→140ページ）を守《まも》るために戦《たたか》ったが、大政奉還《たいせいほうかん》（→143ページ）は実現《じつげん》されてしまった。

しかし、そこで終《お》わったわけではなかった。新政府軍《しんせいふぐん》は徳川家《とくがわけ》を完全《かんぜん》になくしてしまおうという動《うご》きを止《と》めなかったのだ。慶喜《よしのぶ》が江戸城無血開城《えどじょうむけつかいじょう》（→70ページ）で降伏《こうふく》し、容保《かたもり》が会津《あいづ》にひき戻《もど》されたあとも、新政府軍《しんせいふぐん》は会津《あいづ》に攻《せ》めこんだ。倒幕《とうばく》は実現《じつげん》したのに攻撃《こうげき》をされたのは、会津藩《あいづはん》は幕府《ばくふ》の象徴《しょうちょう》といえる存在《そんざい》であり、つぶすべきだと考《かんが》えられたのだ。

容保《かたもり》は藩《はん》の部隊《ぶたい》を整《ととの》えて、新政府軍《しんせいふぐん》にたちむかった。しかし、兵器《へいき》も軍勢《ぐんぜい》も太刀打《たちう》ちできるものではなかった。会津《あいづ》の町《まち》には火《ひ》が放《はな》たれ、籠城《ろうじょう》する関係者《かんけいしゃ》は一方的《いっぽうてき》に攻撃《こうげき》された。このとき、藩士《はんし》だけでなく女性《じょせい》の集団自決《しゅうだんじけつ》という悲劇《ひげき》が次々《つぎつぎ》とおこった。

すでに幕府《ばくふ》もなく、守《まも》る対象《たいしょう》もないというのに戦《たたか》い続《つづ》けた容保《かたもり》と会津藩《あいづはん》。明治維新後《めいじいしんご》、容保《かたもり》は子爵《ししゃく》の称号《しょうごう》をあたえられたが、そんなことでは気《き》がおさまらなかったのではないだろうか。

55

会津城《あいづじょう》で戦《たたか》った男前《おとこまえ》の女銃士《おんなじゅうし》
新島八重（山本八重）
（にいじま やえ（やまもと やえ））

生没年《せいぼつねん》
1845～1932年《ねん》
（享年《きょうねん》88歳《さい》）

出身地《しゅっしんち》
陸奥国会津《むつのくにあいづ》

身分《みぶん》
会津藩士《あいづはんし》・
山本覚馬《やまもとかくま》の妹《いもうと》

家紋《かもん》

若《わか》き女性《じょせい》が敵《てき》に銃弾《じゅうだん》を撃《う》ちこむ！

会津戦争《あいづせんそう》（→171ページ）で新政府軍《しんせいふぐん》が攻《せ》めてきたとき、鶴ヶ城《つるがじょう》で戦《たたか》った女銃士《おんなじゅうし》・新島《にいじま》八重《やえ》。

彼女《かのじょ》は男《おとこ》のかっこうをして鉄砲《てっぽう》をかついで出撃《しゅつげき》、攻《せ》め入《い》る兵《へい》を撃《う》ちまくった。彼女《かのじょ》は「一《いち》は主君《しゅくん》のため一《いち》は弟《おとうと》のため、命《いのち》のかぎり戦《たたか》う決心《けっしん》」だったという。

男顔負《おとこかおま》けのいさましい彼女《かのじょ》はこの戦《たたか》いで命《いのち》を落《お》とすことなく、88歳《さい》まで生《い》きた。最後《さいご》まで「男前《おとこまえ》」のかっこいいおばあちゃんだったことだろう。

人物《じんぶつ》データ

体力《たいりょく》

知力《ちりょく》

忠義心《ちゅうぎしん》

ユーモア

モテ度《ど》

銃《じゅう》の弾《たま》100個《こ》を持《も》ち歩《ある》いた体力《たいりょく》、命《いのち》を捨《す》ててでも戦《たたか》おうという忠義《ちゅうぎ》心《しん》。女性《じょせい》とは思《おも》えない…。

特技《とくぎ》

鉄砲《てっぽう》・大砲《たいほう》

武器《ぶき》

スペンサー銃《じゅう》

思想《しそう》

佐幕《さばく》

死に様《しにざま》

病死《びょうし》

もっと知《し》りたい!

八重《やえ》のスペンサー銃《じゅう》は特別《とくべつ》!

戦《たたか》いのとき、八重《やえ》がかついでいたスペンサー銃《じゅう》は、7連発《れんぱつ》できるものだった。当時《とうじ》の銃《じゅう》は1発《ぱつ》ずつしか撃《う》てなかったが、これはアメリカで開発《かいはつ》されたばかりの銃《じゅう》。誰《だれ》もが持《も》っているわけではなかったが、八重《やえ》は藩《はん》の砲術《ほうじゅつ》師《し》範役《はんやく》である山本覚馬《やまもとかくま》の妹《いもうと》だったため、これを手《て》に入《い》れることができたのだ。

男装《だんそう》した服《ふく》は、弟《おとうと》の形見《かたみ》だった

彼女《かのじょ》は出撃《しゅつげき》するとき、鳥羽《とば》・伏見《ふしみ》の戦《たたか》い（↓44ページ）で戦死《せんし》した弟《おとうと》の形見《かたみ》の服《ふく》を身《み》につけていた。着物《きもの》のそでは血《ち》で染《そ》まっていたため、切《き》り取《と》って他《ほか》の布《ぬの》をぬいつけた。袴《はかま》はそのまま身《み》につけ、刀《かたな》も弟《おとうと》のものだった。彼女《かのじょ》がこのとき命《いのち》を落《お》とさなかったのは、弟《おとうと》が守《まも》っていてくれたということかもしれない。

56

楽団《がくだん》をつくったアイデアマン

山川大蔵（やまかわ おおくら）

生没年《せいぼつねん》

1845～1898年《ねん》
(享年《きょうねん》54歳《さい》)

出身地《しゅっしんち》

陸奥国会津《むつのくにあいづ》

身分《みぶん》

会津藩家老《あいづはんかろう》

家紋《かもん》

変装《へんそう》して敵陣《てきじん》をぬけたアイデアマン

会津藩家老《あいづはんかろう》の子《こ》として生《う》まれた山川大蔵《やまかわおおくら》。若《わか》くして家老職《かろうしょく》につき、松平容保《まつだいらかたもり》(↓168ページ)とともに京都《きょうと》へ。1866年《ねん》には、ロシアと樺太《からふと》の国境《こっきょう》を決《き》める会議《かいぎ》に出席《しゅっせき》、ロシアの地《ち》で外国《がいこく》の文化《ぶんか》を吸収《きゅうしゅう》した。

会津戦争《あいづせんそう》(↓171ページ)では板垣退助《いたがきたいすけ》(↓124ページ)らの侵攻《しんこう》を防《ふせ》ぐなどで活躍《かつやく》し、獅子舞《ししまい》の変装《へんそう》をして敵《てき》の包囲網《ほういもう》を突破《とっぱ》するという策《さく》を考《かんが》えた。家老《かろう》の家《いえ》に生《う》まれた頭《あたま》のかたい人物《じんぶつ》かと思《おも》いきや、そうでもなかったようだ。

人物《じんぶつ》データ

体力《たいりょく》

知力《ちりょく》

忠義心《ちゅうぎしん》

ユーモア

モテ度《ど》

楽団《がくだん》を使《つか》ったり、リベンジに燃《も》えたり……と、ユーモアや忠義心《ちゅうぎしん》が高《たか》め。

特技《とくぎ》
軍略《ぐんりゃく》

武器《ぶき》
日本刀《にほんとう》

思想《しそう》
佐幕《さばく》

死《し》に様《ざま》
病死《びょうし》

もっと知《し》りたい！

笛《ふえ》と太鼓《たいこ》で歩《ある》け歩《ある》け〜！

会津戦争《あいづせんそう》でのこと。新政府軍《しんせいふぐん》の包囲網《ほういもう》を突破《とっぱ》するのは難《むずか》しかった。そこで、山川《やまかわ》は変装《へんそう》するというアイデアを出《だ》す。会津城下《あいづじょうか》に伝《つた》わる彼岸《ひがん》獅子舞《じしまい》の笛《ふえ》や太鼓《たいこ》を演奏《えんそう》する者《もの》を集《あつ》めて楽団《がくだん》をつくり、兵《へい》たちも楽団《がくだん》のふりをして行進《こうしん》。この方法《ほうほう》で全員《ぜんいん》鶴ケ城《つるがじょう》に帰《かえ》ることができた。

西南戦争《せいなんせんそう》は戊辰戦争《ぼしんせんそう》のリベンジ！

西南戦争《せいなんせんそう》（→62ページ）に陸軍少佐《りくぐんしょうさ》として参加《さんか》した山川《やまかわ》。そのときに詠《よ》んだ歌《うた》が、

「薩摩人《さつまびと》みよや　東《あずま》の丈夫《ますらお》が
さげはく太刀《たち》の　利《と》きか鈍《にぶ》きか」

意味《いみ》は「薩摩人《さつまじん》よ見《み》るがいい、東国《とうごく》の立派《りっぱ》な男《おとこ》の太刀《たち》が鋭《するど》いか鈍《にぶ》いかを」ということ。戊辰《ぼしん》戦争《せんそう》（→44ページ）でくやしい思《おも》いをした山川《やまかわ》は、西南戦争《せいなんせんそう》をリベンジととらえて戦《たたか》ったのだ。

57

戦《いくさ》で活躍《かつやく》した鬼官兵衛《おにかんべえ》

佐川官兵衛

（さがわ　かんべえ）

生没年《せいぼつねん》

1831〜1877年《ねん》
（享年《きょうねん》47歳《さい》）

出身地《しゅっしんち》

陸奥国会津《むつのくにあいづ》

身分《みぶん》

会津藩家老《あいづはんかろう》
別選組隊長《べっせんぐみたいちょう》

家紋《かもん》

さすが鬼《おに》、ケガなんてなんのその

鳥羽《とば》・伏見《ふしみ》の戦《たたか》い（→44ページ）で歴史《れきし》に名《な》を残《のこ》した鬼官兵衛《おにかんべえ》こと佐川官兵衛《さがわかんべえ》。彼《かれ》は別選《べっせん》組《ぐみ》の隊長《たいちょう》として70人《にん》以上《いじょう》の兵《へい》をひきいて参戦《さんせん》。このとき佐川《さがわ》は右目《みぎめ》と胸《むね》を負傷《ふしょう》したが、最後《さいご》まで勇敢《ゆうかん》に戦《たたか》った。退却《たいきゃく》するとき、彼《かれ》はケガを負《お》った右目《みぎめ》をかばうために傘《かさ》をさし、折《お》れた刀《かたな》を杖代《つえが》わりに持《も》って堂々《どうどう》と歩《ある》いた。将兵《しょうへい》らはその姿《すがた》に「さすが鬼官兵衛《おにかんべえ》」と感心《かんしん》したという。

会津戦争《あいづせんそう》（→171ページ）では、奇襲戦《きしゅうせん》を計《けい》画《かく》したが寝過《ねす》ごして大敗《たいはい》したことも有名《ゆうめい》である。

人物《じんぶつ》データ

体力《たいりょく》

知力《ちりょく》

忠義心《ちゅうぎしん》

ユーモア

モテ度《ど》

西南戦争《せいなんせんそう》で官軍《かんぐん》として戦《たたか》うも、最《さい》期《ご》は銃弾《じゅうだん》に撃《う》ちぬかれて死亡《しぼう》した。

特技《とくぎ》
突撃《とつげき》

武器《ぶき》
日本刀《にほんとう》・槍《やり》

思想《しそう》
佐幕《さばく》

死に様《しにざま》
戦死《せんし》

もっと知《し》りたい!

別選組《べっせんぐみ》の隊長《たいちょう》

別選組《べっせんぐみ》とは、戦闘集団《せんとうしゅうだん》であると同時《どうじ》に、藩主《はんしゅ》が外出《がいしゅつ》するときのボディーガードでもあった。武術《ぶじゅつ》が優《すぐ》れていなくてはつとまらないし、藩主《はんしゅ》から信頼《しんらい》されていなければそばに置《お》いてもらえない。佐川《さがわ》はその隊長《たいちょう》だったのだから、武術《ぶじゅつ》も信頼度《しんらいど》もピカイチだったといえる。

鬼《おに》だけど教養《きょうよう》もある

佐川《さがわ》はよく和歌《わか》を詠《よ》んだという。会津藩《あいづはん》では300石《こく》以上《いじょう》のあと継《つ》ぎはとくに学問《がくもん》を身《み》につけなければいけないというきまりがあった。300石《こく》の家禄《かろく》をもつ佐川《さがわ》はインテリ度《ど》も高《たか》かったと思《おも》われる。

58

龍馬《りょうま》が恋《こい》した勇《いさ》ましい女《おんな》

楢崎龍（ならさき りょう）

生没年《せいぼつねん》 1841～1906年《ねん》

出身地《しゅっしんち》 山城国京都《やましろのくにきょうと》

身分《みぶん》 坂本龍馬夫人《さかもとりょうまふじん》

龍馬《りょうま》を救《すく》った恋女房《こいにょうぼう》

坂本龍馬《さかもとりょうま》（→48ページ）の妻《つま》で、龍馬《りょうま》から寺田屋《てらだや》の登勢《とせ》に預《あず》けられていた。寺田屋《てらだや》で龍馬《りょうま》が襲《おそ》われたとき、敵《てき》の気配《けはい》を感《かん》じた龍《りょう》は、入《はい》っていた風呂《ふろ》を飛《と》び出《だ》して龍馬《りょうま》に危険《きけん》を知《し》らせた。そのとき龍《りょう》はすっぱだか。愛《あい》と勇気《ゆうき》がなくてはできない行動《こうどう》だ。

59

志士《しし》たちを守《まも》ったおかあ

寺田屋登勢（てらだや とせ）

生没年《せいぼつねん》 1829～1877年《ねん》

出身地《しゅっしんち》 近江国大津《おうみのくにおおつ》

身分《みぶん》 寺田屋女将《てらだやおかみ》

みんなから慕《した》われる姐御肌《あねごはだ》！

京都《きょうと》の船宿《ふなやど》・寺田屋《てらだや》の女将《おかみ》。仕事《しごと》をバリバリこなすかたわら、捨《す》て子《ご》を育《そだ》てたり、居候《いそうろう》の面倒《めんどう》をみたり、尊皇派《そんのうは》の志士《しし》に援助《えんじょ》したりもした。坂本龍馬《さかもとりょうま》からは「おかあ」とよばれて親《した》しまれた。寺田屋事件《てらだやじけん》（→118ページ）で命《いのち》を落《お》とした志士《しし》たちの供養《くよう》も行《おこな》った。

60 幕末《ばくまつ》をともに戦《たたか》い木戸《きど》と結婚《けっこん》

木戸松子（きどまつこ）（幾松）（いくまつ）

生没年《せいぼつねん》 1843〜1886年《ねん》

出身地《しゅっしんち》 若狭国《わかさのくに》

身分《みぶん》 木戸孝允夫人《きどたかよしふじん》

スパイとして動《うご》いた芸者《げいしゃ》

木戸孝允《きどたかよし》（→78ページ）の妻《つま》。踊《おど》りと笛《ふえ》が得《とく》意《い》で、頭《あたま》がよく美人《びじん》だった彼女《かのじょ》は売《う》れっ子芸《げい》者《しゃ》でモテモテ。木戸《きど》と恋《こい》に落《お》ちるが、芸者《げいしゃ》の仕事《しごと》はやめなかった。理由《りゆう》は、芸者《げいしゃ》はいろいろな酒《さけ》の席《せき》によばれるため、スパイがしやすかったから。かっこいい〜！

61 兄《あに》と夫《おっと》は幕末《ばくまつ》の志士《しし》！

杉文（すぎ ふみ）

生没年《せいぼつねん》 1843〜1921年《ねん》

出身地《しゅっしんち》 長門国萩《ながとのくにはぎ》

身分《みぶん》 吉田松陰《よしだしょういん》の妹《いもうと》 久坂玄瑞夫人《くさかげんずいふじん》

久坂玄瑞《くさかげんずい》とラブレターを交《か》わす

久坂玄瑞《くさかげんずい》（→90ページ）の妻《つま》。兄《あに》・吉田松陰《よしだしょういん》（→86ページ）が久坂《くさか》の才能《さいのう》にほれこんで結婚《けっこん》させた。最前線《さいぜんせん》で戦《たたか》う久坂《くさか》は、家《いえ》にほとんど帰《かえ》れなかったため、二人《ふたり》はいつも手紙《てがみ》を交《か》わしていた。勝《か》って戻《もど》ることを信《しん》じ、手紙《てがみ》ではげまして待《ま》つ。幕末《ばくまつ》の女《おんな》ならではの戦《たたか》い方《かた》だ。

62

井伊直弼《いいなおすけ》の女《おんな》スパイ

村山たか
（むらやま　たか）

生没年《せいぼつねん》
1809～1876年《ねん》
出身地《しゅっしんち》 近江国《おうみのくに》
身分《みぶん》
井伊直弼《いいなおすけ》の恋人《こいびと》

生《い》きたまま、さらし者《もの》になる

井伊直弼《いいなおすけ》（→154ページ）の恋人《こいびと》。井伊《いい》が幕府《ばくふ》の政治《せいじ》を動《うご》かすようになると、女《おんな》スパイとして反幕府勢力《はんばくふせいりょく》の情報《じょうほう》を集《あつ》めて井伊《いい》にとどけていた。桜田門外《さくらだもんがい》の変《へん》（→156ページ）のあと、たかは捕《と》えられ河原《かわら》で3日《か》3晩《ばん》さらされたが、命《いのち》は助《たす》かった。

63

尊王論者《そんのうろんしゃ》の密使《みっし》

奥村五百子
（おくむら　いおこ）

生没年《せいぼつねん》
1845～1907年《ねん》
出身地《しゅっしんち》
肥前国唐津《ひぜんのくにからつ》
身分《みぶん》 密使《みっし》

男装《だんそう》をして長州《ちょうしゅう》に密書《みっしょ》をとどける

長州《ちょうしゅう》に侵入《しんにゅう》し、家老《かろう》に密書《みっしょ》をとどける役目《やくめ》を果《は》たした。このとき五百子《いおこ》は編《あ》み傘《がさ》で顔《かお》を隠《かく》し、腰《こし》には刀《かたな》を差《さ》して男装《だんそう》していた。長州《ちょうしゅう》兵《へい》に怪《あや》しまれ、よびとめられた彼女《かのじょ》は「小娘《こむすめ》がそんなに恐《おそ》ろしいか！」と、編《あ》み傘《がさ》をとって笑顔《えがお》ですごんだという。すごい度胸《どきょう》だ。

64

坂本龍馬《さかもとりょうま》の元《もと》カノ

千葉佐那（ちば さな）

生没年《せいぼつねん》
1838〜1896年《ねん》
出身地《しゅっしんち》 武蔵国江戸《むさしのくにえど》
身分《みぶん》
坂本龍馬《さかもとりょうま》の恋人《こいびと》

芸術《げいじゅつ》と武術《ぶじゅつ》に優《すぐ》れ、生涯独身《しょうがいどくしん》で通《とお》す

坂本龍馬《さかもとりょうま》（→48ページ）が江戸《えど》にいたときの恋人《こいびと》で、婚約《こんやく》もしていたらしい。北辰一刀流《ほくしんいっとうりゅう》を身《み》につけていた女剣士《おんなけんし》だった。全国各地《ぜんこくかくち》を飛《と》びまわる龍馬《りょうま》は江戸《えど》には腰《こし》を落《お》ちつけることはなく、そのまま暗殺《あんさつ》されてしまう。佐那《さな》は、生涯独身《しょうがいどくしん》だった。

65

なぎなたで戦《たたか》う会津娘《あいづむすめ》

中野竹子（なかの たけこ）

生没年《せいぼつねん》
1847〜1868年《ねん》
出身地《しゅっしんち》
陸奥国会津《むつのくにあいづ》
身分《みぶん》
会津娘子隊《あいづじょうしたい》

母娘《ははこ》3人《にん》で男《おとこ》たちにたちむかう

会津戦争《あいづせんそう》（→171ページ）で、藩《はん》の命令《めいれい》ではなく母《はは》と妹《いもうと》とともに戦《たたか》いに参加《さんか》した。袴《はかま》に鉢巻《はちま》き、足袋《たび》にわらじ、肩《かた》にはたすきをかけて出陣《しゅつじん》。髪《かみ》は短《みじか》く切《き》り、武器《ぶき》はなぎなた。勇《いさ》ましい！　しかし、敵《てき》の銃弾《じゅうだん》に倒《たお》れて死亡《しぼう》。母《はは》が介錯《かいしゃく》を行《おこな》うという切《せつ》ない最期《さいご》だった。

66

自他《じた》ともに認《みと》める幕末《ばくまつ》の天才《てんさい》
佐久間象山（さくま しょうざん）

生没年《せいぼつねん》
1811〜1864年《ねん》
(享年《きょうねん》54歳《さい》)

出身地《しゅっしんち》
信濃国松代《しなののくにまつしろ》

身分《みぶん》
松代藩士《まつしろはんし》

家紋《かもん》

どんな学問《がくもん》もお茶《ちゃ》の子《こ》さいさい！

幕末《ばくまつ》の天才《てんさい》といわれる佐久間象山《さくましょうざん》。子《こ》どものころから数学《すうがく》も漢学《かんがく》も得意《とくい》という万能《ばんのう》ぶり。西洋《せいよう》の兵学《へいがく》や蘭学《らんがく》を学《まな》び、その知識《ちしき》をもとに外国《がいこく》から日本《にほん》を守《まも》るための『海防八策《かいぼうはっさく》』をまとめあげる。彼《かれ》の私塾《しじゅく》には勝海舟《かつかいしゅう》（↓64ページ）、吉田松陰《よしだしょういん》（↓86ページ）、橋本左内《はしもとさない》（↓198ページ）、坂本龍馬《さかもとりょうま》（↓48ページ）など多《おお》くの幕末志士《ばくまつしし》が入門《にゅうもん》した。

天才的《てんさいてき》な象山《しょうざん》だったが、負《ま》けず嫌《ぎら》いで傲慢《ごうまん》だったせいか、あっさりと暗殺《あんさつ》されてしまった。惜《お》しい人物《じんぶつ》を亡《な》くした……そんな気《き》がする。

人物《じんぶつ》データ

体力《たいりょく》 ■■■■■

知力《ちりょく》 ■■■■■

忠義心《ちゅうぎしん》 ■■■□□

ユーモア ■■■□□

モテ度《ど》 ■■■■□

体力《たいりょく》知力《ちりょく》は満点《まんてん》！　きっとモテ度《ど》も高《たか》かったと考《かんが》えられるが、傲慢《ごうまん》だからマイナス1。

特技《とくぎ》
兵学《へいがく》・蘭学《らんがく》・砲術《ほうじゅつ》・剣術《けんじゅつ》

武器《ぶき》
日本刀《にほんとう》

思想《しそう》
開国《かいこく》・公武合体《こうぶがったい》

死《し》に様《ざま》
暗殺《あんさつ》

もっと知《し》りたい！

3歳《さい》で記憶《きおく》した漢字《かんじ》を書《か》く

3歳《さい》のころの話《はなし》だ。乳母《うば》におんぶされて散歩《さんぽ》中《ちゅう》、お寺《てら》で「禁《きん》」という文字《もじ》を見《み》かけた佐久間《さくま》。帰宅《きたく》してから記憶《きおく》だけでその漢字《かんじ》を書《か》いてみせたという。3歳《さい》にしてまわりを驚《おどろ》かす天才《てんさい》ぶりだったのだ。

油断《ゆだん》して暗殺《あんさつ》される

徳川慶喜《とくがわよしのぶ》（↓140ページ）にまねかれて京都《きょうと》へ行《い》き、公武合体《こうぶがったい》と開国《かいこく》の重要性《じゅうようせい》を訴《うった》えた象山《しょうざん》。周囲《しゅうい》は護衛《ごえい》をつけるようにすすめたが、拒否《きょひ》。そして馬《うま》に乗《の》って移動中《いどうちゅう》、肥後《ひご》の「人斬《ひとき》り彦斎《げんさい》」こと幕末四大人斬《ばくまつよんだいひとき》りの河上彦斎《かわかみげんさい》（↓116ページ）に暗殺《あんさつ》された。京都《きょうと》には過激《かげき》な尊王攘夷派《そんのうじょういは》が集《あつ》まっていたというのに、彼《かれ》は無防備《むぼうび》すぎたのだ。

67

五百円札《ごひゃくえんさつ》の肖像画《しょうぞうが》になった公家《くげ》

岩倉具視（いわくら ともみ）

生没年《せいぼつねん》

1825～1883年《ねん》
(享年《きょうねん》59歳《さい》)

出身地《しゅっしんち》

山城国京都《やましろのくにきょうと》

身分《みぶん》

公家《くげ》

家紋《かもん》

公武合体《こうぶがったい》を目指《めざ》し王政復古《おうせいふっこ》を発令《はつれい》

岩倉具視《いわくらともみ》は和宮《かずのみや》（→146ページ）の降嫁《こうか》を計画《けいかく》した人物《じんぶつ》だ。しかし皇女《こうじょ》を売《う》り飛《と》ばすようなものだと反発《はんぱつ》をうけ、朝廷《ちょうてい》をクビになり追放処分《ついほうしょぶん》に。命《いのち》をねらわれたため、出家《しゅっけ》して「友山《ゆうざん》」と名前《なまえ》を変《か》えたことも。

大政奉還《たいせいほうかん》（→143ページ）には、朝廷《ちょうてい》のもとで政治《せいじ》の実権《じっけん》をにぎるのが幕府《ばくふ》のねらいだと見《み》ぬいた岩倉《いわくら》は、倒幕派《とうばくは》とともに王政復古《おうせいふっこ》の大号令《だいごうれい》（→143ページ）を発令《はつれい》させた。公家《くげ》というとのんびりした印象《いんしょう》があるが、岩倉《いわくら》のように戦《たたか》い続《つづ》けた者《もの》もいるのだ。

人物《じんぶつ》データ

体力《たいりょく》

知力《ちりょく》

忠義心《ちゅうぎしん》

ユーモア

モテ度《ど》

歴史《れきし》を大《おお》きく動《うご》かした岩倉《いわくら》は、おおむね高《たか》めの点数《てんすう》だ。

特技《とくぎ》

政治《せいじ》

武器《ぶき》

弁論《べんろん》

思想《しそう》

公武合体《こうぶがったい》 → 倒幕《とうばく》

死に様《しにざま》

病死《びょうし》

もっと知《し》りたい！

倒幕《とうばく》の命令《めいれい》、真実《しんじつ》は？

1867年《ねん》10月《がつ》、岩倉《いわくら》は朝廷《ちょうてい》から倒幕《とうばく》の命令《めいれい》が出《で》たと、長州藩《ちょうしゅうはん》と薩摩藩《さつまはん》に文書《ぶんしょ》を下《くだ》した。すでに大政奉還《たいせいほうかん》はすんでいたが、この命令《めいれい》により長州藩《ちょうしゅうはん》と薩摩藩《さつまはん》は武力《ぶりょく》で幕府《ばくふ》を倒《たお》す動《うご》きに入《はい》ったのだった。しかしこの文書《ぶんしょ》には署名《しょめい》がなく、本物《ほんもの》だったのかどうか疑《うたが》わしい。

岩倉使節団《いわくらしせつだん》として欧州《おうしゅう》をめぐる

1871年《ねん》11月《がつ》、岩倉使節団《いわくらしせつだん》はアメリカの蒸《じょう》気船《きせん》で横浜《よこはま》を出港《しゅっこう》し、アメリカやヨーロッパ各国《かっこく》を訪問《ほうもん》した。岩倉《いわくら》のほか、木戸孝允《きどたかよし》(↓78ページ)、大久保利通《おおくぼとしみち》(↓104ページ)、伊藤博文《いとうひろぶみ》(↓74ページ)らが参加《さんか》し、近代文明《きんだいぶんめい》や思想《しそう》に直接《ちょくせつ》ふれる機会《きかい》を得《え》た。

使節団《しせつだん》の帰国《きこく》は1873年《ねん》9月《がつ》で、その間《あいだ》は西郷隆盛《さいごうたかもり》(↓56ページ)らが留守《るす》を預《あず》かってさまざまな制度《せいど》を整《ととの》えていた。

68

岩倉具視《いわくらともみ》と敵対《てきたい》した尊攘派《そんじょうは》の公家《くげ》 三条実美（さんじょう さねとみ）

生没年《せいぼつねん》
1837～1891年《ねん》
(享年《きょうねん》55歳《さい》)

出身地《しゅっしんち》
山城国京都《やましろのくにきょうと》

身分《みぶん》
公家《くげ》

家紋《かもん》

名家出身《めいかしゅっしん》の尊王攘夷派《そんのうじょういは》

尊王攘夷派《そんのうじょういは》の公家《くげ》の代表的存在《だいひょうてきそんざい》だった三条《さんじょう》実美《さねとみ》。彼《かれ》は公武合体派《こうぶがったいは》の岩倉具視《いわくらともみ》（↓184ページ）と敵対《てきたい》する間柄《あいだがら》だった。もともと公家《くげ》としての地位《ちい》が高《たか》かった三条《さんじょう》だが、文久《ぶんきゅう》の政変《せいへん》（↓93ページ）で、京都《きょうと》を追《お》われてしまう。

なんとか政治《せいじ》の中心《ちゅうしん》に戻《もど》りたいと思《おも》い、朝廷《ちょうてい》の実力者《じつりょくしゃ》となっていた岩倉《いわくら》と手《て》を結《むす》ぶ。新政府《しんせいふ》となってからも太政大臣《だじょうだいじん》として政治《せいじ》を行《おこな》ったが、酒《さけ》におぼれて最期《さいご》は病死《びょうし》。なんとなくみじめな死《し》に方《かた》である。

人物《じんぶつ》データ

体力《たいりょく》

知力《ちりょく》

忠義心《ちゅうぎしん》

ユーモア

モテ度《ど》

政治力《せいじりょく》はあまりなかったようなので知力《ちりょく》は低《ひく》めとなったが、気品《きひん》によりモテ度《ど》は高《たか》い。

特技《とくぎ》

モテること

武器《ぶき》

血筋《ちすじ》

思想《しそう》

尊王攘夷《そんのうじょうい》→倒幕《とうばく》

死に様《しにざま》

病死《びょうし》

もっと知《し》りたい！

もはやイジメ？　岩倉《いわくら》の対応《たいおう》

三条《さんじょう》は岩倉《いわくら》より12歳年下《さいとしした》だったということもあり、多《おお》くの人《ひと》がいる前《まえ》で「おい、小僧《こぞう》！」とよばれたことがあるとか。思想《しそう》が対立《たいりつ》していたからといって人前《ひとまえ》で小僧《こぞう》よばわりされるとは、三《さん》条《じょう》にとっては屈辱的《くつじょくてき》なことだっただろう。現代《げんだい》ならイジメといわれてしまうかも？

ただよう気品《きひん》に女官《にょかん》たちはクラクラ

出身《しゅっしん》は名家《めいか》の精華家《せいがけ》。幼《おさな》いころから名家《めいか》の教《きょう》育《いく》をうけていたのであろう、三条《さんじょう》は品《ひん》があり凛々《りり》しい顔立《かおだ》ちをしていた。そのため女官《にょかん》たちにモテモテだったという。岩倉《いわくら》にイジメられた原因《げんいん》のひとつだったかも？

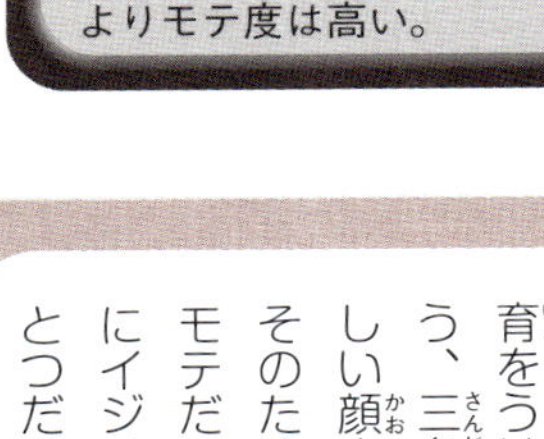

69

長岡《ながおか》の改革《かいかく》を進《すす》めた北越《ほくえつ》の蒼龍《そうりゅう》

河井継之助（かわい　つぎのすけ）

生没年《せいぼつねん》
1827〜1868年《ねん》（享年《きょうねん》42歳《さい》）

出身地《しゅっしんち》
越後国長岡《えちごのくにながおか》

身分《みぶん》
長岡藩家老《ながおかはんかろう》

家紋《かもん》

武装中立《ぶそうちゅうりつ》を目指《めざ》すがかなわず戦死《せんし》

長岡藩《ながおかはん》の家老《かろう》・河井継之助《かわいつぎのすけ》は、日本中《にほんじゅう》が佐幕《さばく》か倒幕《とうばく》かで揺《ゆ》れるなか、中立《ちゅうりつ》を保《たも》とうとしためずらしい存在《そんざい》だ。幕府《ばくふ》か朝廷《ちょうてい》かよりも、自藩《じはん》の改革《かいかく》と繁栄《はんえい》を望《のぞ》んだのだ。

戊辰戦争《ぼしんせんそう》（↓44ページ）のときにも武装中立《ぶそうちゅうりつ》（自藩《じはん》の軍《ぐん》はもつが、どちら側《がわ》にもつかない）を主張《しゅちょう》したが、新政府軍《しんせいふぐん》と戦《たたか》うことに。1300人以上《にんいじょう》の兵《へい》をひきいて戦《たたか》ったが、戦闘中《せんとうちゅう》に左《ひだり》ひざを銃弾《じゅうだん》で負傷《ふしょう》、退却時《たいきゃくじ》に傷《きず》が悪化《あっか》し死亡《しぼう》。河井《かわい》は戦《たたか》いなどより、藩《はん》の繁栄《はんえい》に人生《じんせい》すべてを使《つか》いたかったことだろう。

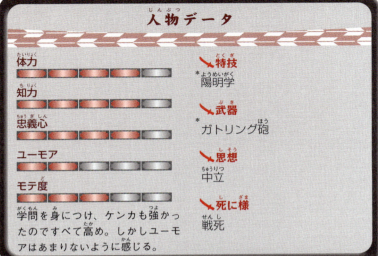

人物《じんぶつ》データ

体力《たいりょく》

知力《ちりょく》

忠義心《ちゅうぎしん》

ユーモア

モテ度《ど》

学問《がくもん》を身《み》につけ、ケンカも強《つよ》かったのですべて高《たか》め。しかしユーモアはあまりないように感《かん》じる。

特技《とくぎ》

*陽明学《ようめいがく》

武器《ぶき》

*ガトリング砲《ほう》

思想《しそう》

中立《ちゅうりつ》

死に様《しにざま》

戦死《せんし》

*陽明学《ようめいがく》…中国《ちゅうごく》の学問《がくもん》のひとつ。
*ガトリング砲《ほう》…当時《とうじ》の最新式《さいしんしき》の武器《ぶき》で、日本《にほん》に3つしかなかったうちの2つが長岡藩《ながおかはん》にあったという。

もっと知《し》りたい！

どんな藩政改革《はんせいかいかく》をしたの？

民衆《みんしゅう》が農業《のうぎょう》や商業《しょうぎょう》を安心《あんしん》して行《おこな》えるよう、武士《ぶし》が無理《むり》な取《と》りたてをしないようにするなどの改革《かいかく》をした。また、役人《やくにん》のわいろや賭《か》けごとを禁止《きんし》し、財政的《ざいせいてき》に余裕《よゆう》のある藩政《はんせい》を目指《めざ》した。

「無《な》くてはならない人《ひと》」だった河井《かわい》

自分《じぶん》の道《みち》に信念《しんねん》をもっていた河井《かわい》は、「無《な》くてはならぬ人《ひと》となるか、有《あ》ってはならぬ人《ひと》となれ」という名言《めいげん》を残《のこ》している。「有《あ》ってはならぬ人《ひと》」というのは、存在《そんざい》するだけで世《よ》の中《なか》をこまらせるような人物《じんぶつ》のことだ。他人《たにん》から「有《あ》ってはならぬ人《ひと》」と思《おも》われたら、逆《ぎゃく》にその人物《じんぶつ》は一流《いちりゅう》だということでもある。「いてもいなくてもいい人《ひと》」にだけはなってはいけないのだ！

70

慶応義塾《けいおうぎじゅく》を創設《そうせつ》した頭脳派《ずのうは》

福沢諭吉

（ふくざわ　ゆきち）

生没年《せいぼつねん》

1834〜1901年《ねん》
（享年《きょうねん》68歳《さい》）

出身地《しゅっしんち》

中津藩大坂屋敷《なかつはんおおさかやしき》

身分《みぶん》

中津藩士《なかつはんし》

家紋《かもん》

洋学《ようがく》を身《み》につけ頭脳《ずのう》を使《つか》い幕末《ばくまつ》を生《い》きた

現在《げんざい》の一万円札《いちまんえんさつ》の肖像画《しょうぞうが》となっている福沢《ふくざわ》諭吉《ゆきち》。彼《かれ》は子《こ》どものころから学問《がくもん》にはげみ、緒方洪庵《おがたこうあん》の適塾《てきじゅく》で学《まな》んだ頭脳派《ずのうは》だ。25歳《さい》で私《し》塾《じゅく》を開《ひら》き、さらに英学《えいがく》も身《み》につけていく。その後《ご》、幕府《ばくふ》おかかえの翻訳家《ほんやくか》となり、35歳《さい》のとき私塾《しじゅく》を「慶応義塾《けいおうぎじゅく》」と改称《かいしょう》した。

明治《めいじ》になると新政府《しんせいふ》にまねかれるが、彼《かれ》はこれを拒否《きょひ》し教育者《きょういくしゃ》であり続《つづ》けた。戦乱《せんらん》の世《よ》にあっても学問《がくもん》に生《い》き、利益《りえき》や名声《めいせい》よりも教《きょう》育《いく》に生《い》きる。高貴《こうき》な生《い》き方《かた》に感動《かんどう》せずにはいられない。

人物《じんぶつ》データ

体力《たいりょく》 ■■■□□

知力《ちりょく》 ■■■■■

忠義心《ちゅうぎしん》 ■■■□□

ユーモア ■■■□□

モテ度《ど》 ■■■■□

数々《かずかず》の著作《ちょさく》を残《のこ》した文筆家《ぶんぴつか》で、知《ち》力抜群《りょくばつぐん》！　賢《かしこ》い男《おとこ》はきっとモテたはず……？

特技《とくぎ》
蘭学《らんがく》・英学《えいがく》

武器《ぶき》
頭脳《ずのう》・ペン

思想《しそう》
啓蒙思想《けいもうしそう》

死《し》に様《ざま》
病死《びょうし》

もっと知《し》りたい！

諭吉《ゆきち》の残《のこ》した著作《ちょさく》

『学問《がくもん》のすすめ』『西洋事情《せいようじじょう》』などの書物《しょもつ》を書《か》き残《のこ》し、人々《ひとびと》に大《おお》きな影響《えいきょう》をあたえた諭吉《ゆきち》。『学問《がくもん》のすすめ』の最初《さいしょ》にある「天《てん》は人《ひと》の上《うえ》に人《ひと》を造《つく》らず」の一文《いちぶん》は、だれでも聞《き》いたことがあるのではないだろうか。この本《ほん》は合計《ごうけい》で340万部《まんぶ》も売《う》れる大《だい》ベストセラーとなった。もし諭吉《ゆきち》が現代《げんだい》によみがえったら、どんな教育書《きょういくしょ》を書《か》くのか想像《そうぞう》してみるのも楽《たの》しい。

横浜《よこはま》でうけたカルチャーショック！

蘭学《らんがく》(オランダの学問《がくもん》)を身《み》につけて塾《じゅく》まで開《ひら》いた彼《かれ》が、新《あら》たに英学《えいがく》まで学《まな》びはじめたのは横《よこ》浜《はま》に行《い》ったことがきっかけだった。そこでは西《せい》洋《よう》の店《みせ》は全部《ぜんぶ》英語《えいご》の看板《かんばん》を出《だ》していて、外国人《がいこくじん》もみんな英語《えいご》で話《はな》している。蘭学《らんがく》はもう古《ふる》い、とショックをうけたのだ。

71

ペリー

黒船《くろふね》で来航《らいこう》し、日本《にほん》を開国《かいこく》に導《みちび》く

生没年《せいぼつねん》
1794～1858年《ねん》
（享年《きょうねん》65歳《さい》）

出身地《しゅっしんち》
アメリカ

身分《みぶん》
米国東《べいこくひがし》インド艦隊《かんたい》
司令長官《しれいちょうかん》

二度《にど》に渡《わた》り日本《にほん》を訪《おとず》れ開国《かいこく》をせまる

1853年《ねん》に世界最大級《せかいさいだいきゅう》の軍艦《ぐんかん》で来航《らいこう》し、日《に》本《ほん》を恐怖《きょうふ》におとしいれたのがペリーである。彼《かれ》は2隻《せき》の蒸気船《じょうきせん》をふくむ4隻《せき》で浦賀《うらが》（神奈川県《かながわけん》横浜市《よこはまし》）に来航《らいこう》。開国《かいこく》、貿易《ぼうえき》をもとめる文書《ぶんしょ》を手渡《てわた》して帰国《きこく》した。翌年《よくとし》、7隻《せき》の軍艦《ぐんかん》で再《ふたた》び来《らい》航《こう》。二度目《にどめ》の来航《らいこう》で日米和親条約《にちべいわしんじょうやく》（↓194ページ）を結《むす》び、日本《にほん》の鎖国時代《さこくじだい》は終《お》わった。

はじめて見《み》る外国船《がいこくせん》と外国人《がいこくじん》を、日本人《にほんじん》が恐《おそ》れた気《き》もちはよくわかる。違《ちが》う顔《かお》だちの人《にん》間《げん》がわからない言葉《ことば》をしゃべるのだから、宇《う》宙人《ちゅうじん》が来《き》たようなものだっただろう。

人物《じんぶつ》データ

体力《たいりょく》

知力《ちりょく》

忠義心《ちゅうぎしん》

ユーモア

モテ度《ど》

日本語《にほんご》は話《はな》せなかったようだが、外国《がいこく》に訪《おとず》れて歴史《れきし》をつくるのは知《ち》力《りょく》あってこそ！

特技《とくぎ》
蒸気《じょうき》軍艦《ぐんかん》建造《けんぞう》

武器《ぶき》
砲艦外交《ほうかんがいこう》

思想《しそう》
日本《にほん》の開国《かいこく》

死《し》に様《ざま》
病死《びょうし》

もっと知《し》りたい！

黒船《くろふね》を見《み》た日本人《にほんじん》

それまでの日本人《にほんじん》が知《し》っている外国《がいこく》の船《ふね》は、イギリスやロシアの帆船《はんせん》だった。明《あき》らかにそれとは違《ちが》う、黒塗《くろぬ》りで蒸気《じょうき》を出《だ》している船《ふね》。幕府《ばくふ》の撤退《てったい》要求《ようきゅう》にもしたがわず、海《うみ》から空砲《くうほう》を撃《う》って日本《にほん》を威嚇《いかく》。黒船《くろふね》を見《み》た者《もの》は生《い》きた心地《ここち》がしなかったのではないか。

海軍一家出身《かいぐんいっかしゅっしん》のエリート

父《ちち》は海軍大佐《かいぐんたいさ》、兄弟《きょうだい》も全員海軍《ぜんいんかいぐん》に入隊《にゅうたい》しているという海軍一家《かいぐんいっか》で育《そだ》った。ペリーも15歳《さい》で海《かい》軍《ぐん》に入《はい》り士官候補生《しかんこうほせい》となるエリート。西《にし》インド、地中海《ちちゅうかい》、アフリカなどに勤務《きんむ》した。日本《にほん》が鎖国《さこく》を行《おこな》っているときに、ペリーは世界中《せかいじゅう》を飛《と》びまわっていたのだ。

開国《かいこく》と不平等条約《ふびょうどうじょうやく》

ペリー(→192ページ)の来航《らいこう》をきっかけに、日本《にほん》は外国《がいこく》と貿易《ぼうえき》や交流《こうりゅう》ができるよう開国《かいこく》を決定《けってい》。

アメリカと日本《にほん》との間《あいだ》に結《むす》ばれた条約《じょうやく》はふたつ、「日米和親条約《にちべいわしんじょうやく》」と「日米修好通商条約《にちべいしゅうこうつうしょうじょうやく》」だ。これらは日本《にほん》からすると不利《ふり》な内容《ないよう》だったため、「不平等条約《ふびょうどうじょうやく》」とよばれた。

この条約《じょうやく》を結《むす》んだため、日本《にほん》はフランス、ロシア、オランダとも同《おな》じような条約《じょうやく》を結《むす》ばざるを得《え》なかった。

これらの条約《じょうやく》を改正《かいせい》するにはその後長《ごなが》い年月《ねんげつ》がかかり、岩倉具視《いわくらともみ》(→184ページ)、榎本武揚《えのもとたけあき》(→160ページ)、陸奥宗光《むつむねみつ》(→195ページ)らが交渉《こうしょう》にあたった。

不平等《ふびょうどう》① 最恵国待遇《さいけいこくたいぐう》

「日米和親条約《にちべいわしんじょうやく》」の項目《こうもく》に、「アメリカは日本《にほん》からもっとも優遇《ゆうぐう》される国《くに》とする」という項目《こうもく》があったが、その逆《ぎゃく》はなかった。

不平等《ふびょうどう》② 領事裁判権《りょうじさいばんけん》

「日米修好通商条約《にちべいしゅうこうつうしょうじょうやく》」の項目《こうもく》。日本人《にほんじん》がアメリカで犯罪《はんざい》をおかしたときにはアメリカ側《がわ》が日本《にほん》人《じん》を裁《さば》けるが、日本《にほん》でアメリカ人《じん》が犯罪《はんざい》をおかしても日本側《にほんがわ》が裁《さば》くことはできないということ。

不平等《ふびょうどう》③ 関税自主権《かんぜいじしゅけん》がない

「日米修好通商条約《にちべいしゅうこうつうしょうじょうやく》」の項目《こうもく》。アメリカ側《がわ》は貿易《ぼうえき》の商品《しょうひん》にかける税金《ぜいきん》の金額《きんがく》を自由《じゆう》に決《き》められるが、日本側《にほんがわ》が決《き》めることはできなかった。

72

陸奥宗光（むつ むねみつ）

龍馬《りょうま》に商才《しょうさい》を認《みと》められたもと紀州藩士《きしゅうはんし》

土佐藩士《とさはんし》となり龍馬《りょうま》のサポートを

紀州藩士《きしゅうはんし》の子《こ》として生《う》まれたが脱藩《だっぱん》した陸《む》奥宗光《つむねみつ》。神戸《こうべ》の海軍操練所《かいぐんそうれんじょ》に入《はい》ったことで坂《さか》本龍馬《もとりょうま》（↓48ページ）と知《し》りあう。その後《ご》は亀《かめ》山社中《やましゃちゅう》（↓52ページ）に加《くわ》わって、海援隊《かいえんたい》の一《いち》員《いん》となった。

1867年《ねん》には商売《しょうばい》に対《たい》する意見書《いけんしょ》『商方《しょうほう》の愚案《ぐあん》』を龍馬《りょうま》に提出《ていしゅつ》。龍馬《りょうま》は「商《あきな》いのことは陸《む》奥《つ》にまかせておけば大丈夫《だいじょうぶ》」と称賛《しょうさん》し、陸《む》奥《つ》の商才《しょうさい》を高《たか》く評価《ひょうか》した。維新後《いしんご》は外務省《がいむしょう》に入《はい》り、農商務大臣《のうしょうむだいじん》、外務大臣《がいむだいじん》などをつとめ、のちに伯爵《はくしゃく》となった。

生没年《せいぼつねん》
1844～1897年《ねん》
（享年《きょうねん》54歳《さい》）

出身地《しゅっしんち》
紀伊国和歌山《きいのくにわかやま》

身分《みぶん》
紀州藩士《きしゅうはんし》→
海援隊士《かいえんたいし》

家紋《かもん》

龍馬暗殺《りょうまあんさつ》により復讐《ふくしゅう》を計画《けいかく》

龍馬《りょうま》が暗殺《あんさつ》されると仲間《なかま》とともに復《ふく》讐《しゅう》を計画《けいかく》し、首謀者《しゅぼうしゃ》であるとされた紀《き》州藩《しゅうはん》の三浦久太郎《みうらきゅうたろう》を天満屋《てんまや》で襲撃《しゅうげき》した。しかし三浦《みうら》は新選組《しんせんぐみ》に警護《けいご》を頼《たの》み、命《いのち》を落《お》とすことはなかった。

73

尊王攘夷《そんのうじょうい》派《は》だった早稲田大学《わせだだいがく》の創立者《そうりつしゃ》

大隈重信（おおくま　しげのぶ）

生没年《せいぼつねん》

1838～1922年《ねん》
（享年《きょうねん》85歳《さい》）

出身地《しゅっしんち》

肥前国《ひぜんのくに》佐賀《さが》

身分《みぶん》

佐賀藩士《さがはんし》

家紋《かもん》

幕末時《ばくまつじ》は不運《ふうん》だが明治《めいじ》で開花《かいか》する

早稲田大学《わせだだいがく》の創立者《そうりつしゃ》である大隈重信《おおくましげのぶ》。尊王《そんのう》攘夷派《じょういは》だったが、蘭学《らんがく》や英語《えいご》も学《まな》んだ。大隈《おおくま》は、佐賀藩《さがはん》は長州藩《ちょうしゅうはん》に協力《きょうりょく》すべきで、長州藩《ちょうしゅうはん》と幕府《ばくふ》は争《あらそ》いをやめるべきだと主張《しゅちょう》。しかし藩主《はんしゅ》の同意《どうい》を得《え》ることはできなかった。徳川《とくがわ》慶喜《よしのぶ》（→140ページ）に政権返還《せいけんへんかん》をすすめるために脱藩《だっぱん》すると、捕《つか》まって謹慎処分《きんしんしょぶん》に。

しかし、新政府《しんせいふ》では内閣総理大臣《ないかくそうりだいじん》（8代《だい》・17代《だい》）に就任《しゅうにん》する。また、東京専門学校《とうきょうせんもんがっこう》を設《せつ》立《りつ》し、これはのちに早稲田大学《わせだだいがく》となる。明治《めいじ》に入《はい》ってから運《うん》がまわってきたのかも。

隈板内閣《わいはんないかく》を発足《ほっそく》

大隈《おおくま》は板垣退助《いたがきたいすけ》（→124ページ）とともに憲政党《けんせいとう》を結成《けっせい》した。そして、日《に》本初《ほんはつ》となる政党《せいとう》による内閣《ないかく》を発足《ほっそく》。大《おお》隈《くま》の「隈《くま》」と板垣《いたがき》の「板《いた》」をとって隈板内《わいはんない》閣《かく》とよばれた。

74

尊王攘夷派《そんのうじょういは》に影響《えいきょう》をあたえたインテリ

藤田東湖（ふじた とうこ）

親孝行《おやこうこう》をして最期《さいご》をむかえる

1855年《ねん》、江戸《えど》に大地震《だいじしん》がおきたとき、藤田《ふじた》の母親《ははおや》が逃《に》げ遅《おく》れた。彼《かれ》は家《いえ》のなかに戻《もど》り母親《ははおや》を助《たす》け出《だ》す。しかし直後《ちょくご》に家《いえ》が崩《くず》れ、母親《ははおや》は助《たす》かったが藤田《ふじた》は命《いのち》を落《お》としたのだった。

謹慎中《きんしんちゅう》もペンで戦《たたか》う頭脳派《ずのうは》

尊王攘夷派《そんのうじょういは》の藤田東湖《ふじたとうこ》は、水戸藩《みとはん》の学者《がくしゃ》の息子《むすこ》として生《う》まれたインテリだ。水戸藩《みとはん》のあと継《つ》ぎ問題《もんだい》がおこったとき、徳川慶喜《とくがわよしのぶ》（→140ページ）の父《ちち》・徳川斉昭《とくがわなりあき》を藩主《はんしゅ》にしようと活動《かつどう》し、これを実現《じつげん》。その後《ご》は斉昭《なりあき》にかわいがられ、出世街道《しゅっせかいどう》まっしぐら。

彼《かれ》は尊王攘夷運動《そんのうじょういうんどう》にインテリらしいやり方《かた》で取《と》り組《く》み、数々《かずかず》の書物《しょもつ》を著《あらわ》したのだ。反対派《はんたいは》によって謹慎《きんしん》させられた間《あいだ》も書《か》き続《つづ》け、全国《ぜんこく》の尊王攘夷派《そんのうじょういは》に影響《えいきょう》をあたえていったのだった。インテリかつエリートである。

生没年《せいぼつねん》
1806～1855年《ねん》
（享年《きょうねん》50歳《さい》）

出身地《しゅっしんち》
常陸国水戸《ひたちのくにみと》

身分《みぶん》
水戸藩士《みとはんし》

家紋《かもん》

75

西郷隆盛《さいごうたかもり》をうならせた天才《てんさい》

橋本左内（はしもと　さない）

生没年《せいぼつねん》

1834～1859年《ねん》
(享年《きょうねん》26歳《さい》)

出身地《しゅっしんち》

越前国福井《えちぜんのくにふくい》

身分《みぶん》

福井藩士《ふくいはんし》

家紋《かもん》

安政《あんせい》の大獄《たいごく》で命《いのち》を落《お》とす

医者《いしゃ》の息子《むすこ》に生《う》まれ、漢方医学《かんぽういがく》・蘭学《らんがく》・英《えい》語《ご》・ドイツ語《ご》などを身《み》につけた天才《てんさい》、橋本《はしもと》左《さ》内《ない》。西郷隆盛《さいごうたかもり》（↓56ページ）から「もっとも優《ゆう》秀《しゅう》」「きみを兄《あに》と思《おも》ってつかえる」と言《い》われたほどの頭脳《ずのう》のもち主《ぬし》だった。彼《かれ》は色白《いろじろ》でやせていたというから、見《み》た目《め》からして天才《てんさい》っぽい。

外国《がいこく》と貿易《ぼうえき》をして国《くに》を豊《ゆた》かにし、その財力《ざいりょく》で兵《へい》を育《そだ》てるべきだと考《かんが》え、そのためには徳《とく》川《がわ》慶喜《よしのぶ》（↓１４０ページ）を将軍《しょうぐん》にすべきだと主張《しゅちょう》したので、安政《あんせい》の大獄《たいごく》（↓１５６ページ）で斬首刑《ざんしゅけい》となった。

76

新選組結成《しんせんぐみけっせい》のきっかけをつくった攘夷論者《じょういろんしゃ》

清河八郎（きよかわ　はちろう）

生没年《せいぼつねん》
1830～1863年《ねん》
（享年《きょうねん》34歳《さい》）

出身地《しゅっしんち》
出羽国庄内《でわのくにしょうない》

身分《みぶん》
庄内藩士《しょうないはんし》

家紋《かもん》

どこまでも尊王攘夷《そんのうじょうい》をおし進《すす》めた男《おとこ》

子《こ》どものころから勉学《べんがく》にはげみ、千葉周作《ちばしゅうさく》（→200ページ）のもとで北辰一刀流《ほくしんいっとうりゅう》を学《まな》んだ。彼《かれ》の人生《じんせい》で注目《ちゅうもく》すべきところは、京都《きょうと》を取《と》り締《し》まる浪士組《ろうしぐみ》を結成《けっせい》したこと。これがきっかけとなり、新選組《しんせんぐみ》が結成《けっせい》されることとなった。尊王攘夷運動《そんのうじょういうんどう》をおし進《すす》めたため、近藤勇《こんどういさみ》（→20ページ）らと対立《たいりつ》したが、新選組結成《しんせんぐみけっせい》のきっかけをつくった彼《かれ》の功績《こうせき》は大《おお》きいのではないだろうか。

のちに浪士組《ろうしぐみ》の一部《いちぶ》による横浜《よこはま》の外国人居留地襲撃計画《がいこくじんきょりゅうちしゅうげきけいかく》がバレて、清河《きよかわ》は暗殺《あんさつ》された。

77

千葉周作
北《ほく》辰《しん》一《いっ》刀《とう》流《りゅう》をうちたてた幕《ばく》末《まつ》を代《だい》表《ひょう》する剣《けん》客《かく》

（ちば　しゅうさく）

生没年《せいぼつねん》
1794～1855年《ねん》
（享年《きょうねん》62歳《さい》）

出身地《しゅっしんち》
陸奥国《むつのくに》荒谷村《あらやむら》

身分《みぶん》
北辰一刀流《ほくしんいっとうりゅう》
創設者《そうせつしゃ》

家紋《かもん》

最強《さいきょう》とよばれた剣術家《けんじゅつか》

千葉周作《ちばしゅうさく》は北辰一刀流《ほくしんいっとうりゅう》の創設者《そうせつしゃ》だ。身長《しんちょう》が180センチくらいあり、眼光《がんこう》の鋭《するど》い男《おとこ》だった。現在《げんざい》の千葉県松戸《ちばけんまつど》にあった道場《どうじょう》で腕《うで》をみがき、それから道場破《どうじょうやぶ》りの修行《しゅぎょう》に出《で》た。

旅《たび》から帰《かえ》った周作《しゅうさく》は、江戸《えど》・神田《かんだ》に自分《じぶん》の道場《どうじょう》「玄武館《げんぶかん》」を開《ひら》く。それまでの道場《どうじょう》と練習《れんしゅう》方法《ほうほう》を変《か》え、防具《ぼうぐ》をつけて竹刀《しない》で打《う》ちあう方《ほう》法《ほう》を考《かんが》え出《だ》し、教《おし》え方《かた》もわかりやすかったため、弟子《でし》の数《かず》が江戸《えど》ナンバーワンに！　坂本《さかもと》龍馬《りょうま》（→48ページ）や清河八郎《きよかわはちろう》（→199ページ）も、この北辰一刀流《ほくしんいっとうりゅう》を学《まな》んだのだ。

玄武館《げんぶかん》の門弟《もんてい》たち

玄武館《げんぶかん》の主《おも》な門下生《もんかせい》に、新選組《しんせんぐみ》の山《さん》南敬助《なんけいすけ》（→34ページ）、藤堂平助《とうどうへいすけ》（→37ページ）らがいた。また周作《しゅうさく》の弟《おとうと》・定吉《さだきち》の道場《どうじょう》には、坂本龍馬《さかもとりょうま》がいた。

78

赤報隊隊長《せきほうたいたいちょう》に任命《にんめい》後《ご》抹殺《まっさつ》される

相楽総三（さがら　そうぞう）

新政府軍《しんせいふぐん》の方針変更《ほうしんへんこう》？

相楽《さがら》は「新政府軍《しんせいふぐん》に味方《みかた》すれば年貢《ねんぐ》を半分《はんぶん》にする」というおふれをもって進軍《しんぐん》していた。しかし新政府軍《しんせいふぐん》がそれを実現《じつげん》することは財政的《ざいせいてき》に不可能《ふかのう》だった。新政府軍《しんせいふぐん》は、赤報隊《せきほうたい》をニセモノよばわりすることで、おふれを無効《むこう》としたのだ。

生没年《せいぼつねん》
1840～1868年《ねん》
（享年《きょうねん》29歳《さい》）

出身地《しゅっしんち》
武蔵国江戸《むさしのくにえど》

身分《みぶん》
赤報隊隊長《せきほうたいたいちょう》

家紋《かもん》

ニセ官軍《かんぐん》といわれ斬首刑《ざんしゅけい》となる

西郷隆盛《さいごうたかもり》（↓56ページ）の命《めい》で倒幕運動《とうばくうんどう》に加《くわ》わった相楽総三《さがらそうぞう》の任務《にんむ》は、江戸《えど》を混乱《こんらん》させること。西郷《さいごう》は幕府《ばくふ》を挑発《ちょうはつ》して、戦争《せんそう》をおこす口実《こうじつ》が欲《ほ》しかったのだ。戊辰戦争《ぼしんせんそう》（↓44ページ）で、相楽《さがら》は赤報隊《せきほうたい》という部隊《ぶたい》をつくり参戦《さんせん》。はじめは官軍《かんぐん》（朝廷《ちょうてい》から認《みと》められた軍《ぐん》）としての戦《たたか》いだったが、途中《とちゅう》で新政府軍《しんせいふぐん》の方針《ほうしん》が変更《へんこう》。「ニセ官軍《かんぐん》」といわれ斬首刑《ざんしゅけい》に。

革命《かくめい》の裏《うら》にはたくさんのくやし涙《なみだ》が流《なが》れている。しかしこうして後世《こうせい》にきちんと伝《つた》わっているよと相楽《さがら》に教《おし》えてやりたい。

キミはどのタイプ？

幕末志士占《ばくまつししうらな》い

この志士《しし》かっこいい〜！　ぼくにそっくり、生《う》まれ変《か》わりかも？　なんて思《おも》ってるそこのキミ。本当《ほんとう》のキミはぜ〜んぜん違《ちが》うタイプかもしれないぞ。ふだんの何気《なにげ》ない考《かんが》え方《かた》で、どの志士《しし》タイプかチェックしてみよう！

スタート!!

一度決《いちどき》めたことは決《けっ》して変《か》えない？

❶ 思《おも》いつきで変《か》える

❷ ときと場合《ばあい》による

❸ 絶対変《ぜったいか》えない！

夏《なつ》と冬《ふゆ》ならどっちが好《す》き？

❶ もちろん夏《なつ》！

❷ 冬《ふゆ》のほうが好《す》き！

メールより手紙《てがみ》だ！

❶ 手紙《てがみ》だ！

❷ メールだ！

泣《な》くと嫌《いや》なことを忘《わす》れてスッキリする？

❶ スッキリ♪

❷ スッキリしない……

❶ ←
❷ ←
❸ ←
あてはまる答《こた》えの矢印《やじるし》をたどって進《すす》もう。

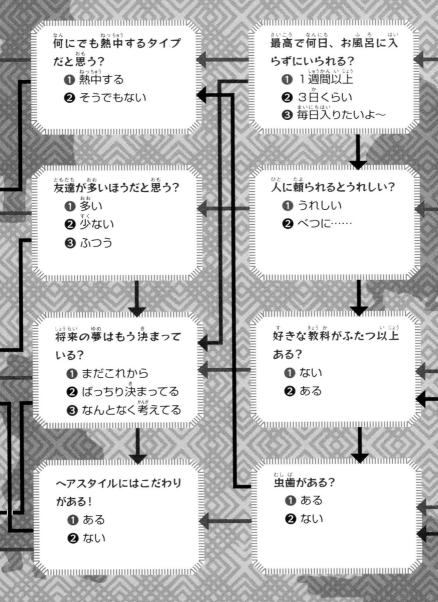

最高《さいこう》で何日《なんにち》、お風呂《ふろ》に入《はい》らずにいられる?

❶ 1週間《しゅうかん》以上《いじょう》
❷ 3日《か》くらい
❸ 毎日入《まいにちはい》りたいよ〜

人《ひと》に頼《たよ》られるとうれしい?

❶ うれしい
❷ べつに……

好《す》きな教科《きょうか》がふたつ以上《いじょう》ある?

❶ ない
❷ ある

虫歯《むしば》がある?

❶ ある
❷ ない

何《なん》にでも熱中《ねっちゅう》するタイプだと思《おも》う?

❶ 熱中《ねっちゅう》する
❷ そうでもない

友達《ともだち》が多《おお》いほうだと思《おも》う?

❶ 多《おお》い
❷ 少《すく》ない
❸ ふつう

将来《しょうらい》の夢《ゆめ》はもう決《き》まっている?

❶ まだこれから
❷ ばっちり決《き》まってる
❸ なんとなく考《かんが》えてる

ヘアスタイルにはこだわりがある!

❶ ある
❷ ない

優《やさ》しさに自信《じしん》がある？

❶ ある！

❷ ない……

あきらめは早《はや》いほう？

❶ 早《はや》い

❷ 最後《さいご》までねばる

人生《じんせい》やっぱり金《かね》だと思《おも》う？

❶ 金《かね》でしょ！

❷ んなこたーない！

笑顔《えがお》が素敵《すてき》だといわれたことがある♪

❶ ある

❷ ない

ウソ泣《な》きできる？

❶ できる

❷ できない

動物《どうぶつ》に好《す》かれるタイプだ

❶ 好《す》かれる〜

❷ なんか嫌《きら》われる

通知表《つうちひょう》を親《おや》に見《み》せなかったことがある？

❶ ある

❷ ない

コレクションしているものがある？

❶ ある

❷ ない

A　坂本龍馬《さかもとりょうま》タイプ

何事《なにごと》も、思《おも》いたったらすぐ行動《こうどう》!

そんなキミは幕《ばく》末《まつ》の風雲児《ふううんじ》、坂本《さかもと》龍馬《りょうま》タイプだといえるだろう。やることなすこと、まわりのみんなは驚《おどろ》くけれど感心《かんしん》もしてくれるんじゃない? 型《かた》にはまらない考《かん》え方《かた》ができるところは長所《ちょうしょ》だから、大《おお》いにのばそう。思《おも》いついたことを行動《こうどう》に移《うつ》す前《まえ》に、人《ひと》に迷惑《めいわく》をかけないかどうかを少《すこ》し考《かんが》える癖《くせ》をつけると、魅力《みりょく》はさらにアップ!

B　西郷隆盛《さいごうたかもり》タイプ

だまっていても人《ひと》が集《あつ》まり、いつもクラスの人気者《にんきもの》。だけど人《ひと》がよすぎて、うまく利用《りよう》されちゃうこともある……キミってそうでしょ? そんなキミは西郷隆盛《さいごうたかもり》タイプだ。真面目《まじめ》で人《ひと》を裏切《うらぎ》らない誠実《せいじつ》なところが、みんなをひきつける魅力《みりょく》となっているキミ。でも世《よ》の中《なか》には悪《わる》い人《ひと》もいっぱい。裏《うら》のありそうな人《ひと》に近《ちか》づくと利用《りよう》されて損《そん》をすることがあるから注《ちゅう》意《い》しよう!

C　吉田松陰《よしだしょういん》タイプ

勉強《べんきょう》ができて超《ちょう》真面目《まじめ》。そんな優《ゆう》等生《とうせい》のキミは吉田《よしだ》松陰《しょういん》タイプだろう。頭《あたま》のよさでよく目《め》だち、知的《ちてき》さでまわりの人《ひと》をひきつけるんだ。頭脳《ずのう》が自慢《じまん》のキミだけど、真面目《まじめ》すぎるのが玉《たま》にキズ。友達《ともだち》からは「遠《とお》い存在《そんざい》」だと思《おも》われているかも? ときにはハメをはずすくらいはしゃいでみると、みんなはギャップ萌《も》えするはずだ。そして一気《いっき》に好感度《こうかんど》アップ!

D　新島八重《にいじまやえ》タイプ

一度《いちど》決《き》めたことは命《いのち》がけでも貫《つらぬ》こうとするところがある、そんなキミは新島八重《にいじまやえ》タイプだ。まわりが止《と》めても目的《もくてき》をとげようとするキミの姿《し》勢《せい》はとても素敵《すてき》で、みんなかげから応《おう》援《えん》しているし、ファンも多《おお》いはず。将来《しょうらい》もきっと大《おお》きな夢《ゆめ》をかなえられるだろう。でもときどき、目的達成《もくてきたっせい》のために人《ひと》に迷惑《めいわく》をかけていても気《き》づかないときがあるかも。注意《ちゅうい》!

チャレンジ！幕末志士《ばくまつしし》クイズ

お気《き》に入《い》りの志士《しし》はできたかな？　幕末《ばくまつ》や志士《しし》たちにどのくらい詳《くわ》しくなったかな？ ここで幕末志士《ばくまつしし》クイズに挑戦《ちょうせん》だ！

い

坂本龍馬《さかもとりょうま》はどこの藩《はん》を脱藩《だっぱん》した？

1 会津藩《あいづはん》
2 土佐藩《とさはん》
3 長州藩《ちょうしゅうはん》

ろ

新選組《しんせんぐみ》の初代局長《しょだいきょくちょう》の一人《ひとり》は次《つぎ》のうちだれ？

1 芹沢鴨《せりざわかも》
2 原田左之助《はらださのすけ》
3 永倉新八《ながくらしんぱち》

は

次《つぎ》のうち、土佐藩《とさはん》の人《ひと》はだれ？

1 板垣退助《いたがきたいすけ》
2 西郷隆盛《さいごうたかもり》
3 近藤勇《こんどういさみ》

に

海援隊《かいえんたい》のもととなった集団《しゅうだん》は何《なん》ていう名前《なまえ》？

1 川援隊《かわえんたい》
2 海山社中《うみやましゃちゅう》
3 亀山社中《かめやましゃちゅう》

ほ

吉田松陰《よしだしょういん》が開《ひら》いた私塾《しじゅく》の名前《なまえ》は？

1 松下村塾《しょうかそんじゅく》
2 吉下村塾《きっかそんじゅく》
3 陰下村塾《いんかそんじゅく》

へ

岡田以蔵《おかだいぞう》は「幕末《ばくまつ》○○人斬《ひとき》り」といわれた？

1 維新《いしん》
2 恐怖《きょうふ》
3 四大《よんだい》

と

和宮《かずのみや》はだれと結婚《けっこん》した？

1 徳川家茂《とくがわいえもち》
2 徳川家康《とくがわいえやす》
3 徳川慶喜《とくがわよしのぶ》

ち

土方歳三《ひじかたとしぞう》は若《わか》いころどこで働《はたら》いていた？

1 旅館《りょかん》
2 幕府《ばくふ》
3 呉服屋《ごふくや》

り

ペリーが乗《の》ってきた船《ふね》は何《なん》とよばれた？

1 黒船《くろふね》
2 ペリー船《せん》
3 開国船《かいこくせん》

全問《ぜんもん》わかったかな？ 次《つぎ》のページで答《こた》えあわせだ！

クイズの答《こた》え

い

2 土佐藩《とさはん》

28歳《さい》で土佐藩《とさはん》を脱藩《だっぱん》し、日本《にほん》で最初《さいしょ》の会社《かいしゃ》を結成《けっせい》。薩長同盟《さっちょうどうめい》の実現《じつげん》につながる働《はたら》きをした。

ろ

1 芹沢鴨《せりざわかも》

江戸《えど》で募集《ぼしゅう》されていた浪士組《ろうしぐみ》に参加《さんか》し、試衛館《しえいかん》の近藤勇《こんどういさみ》らと新選組《しんせんぐみ》を結成《けっせい》。初代局長《しょだいきょくちょう》となった。

は

1 板垣退助《いたがきたいすけ》

自由民権運動《じゆうみんけんうんどう》の中心的《ちゅうしんてき》な人物《じんぶつ》だった板垣退助《いたがきたいすけ》は、1837年《ねん》に土佐国《とさのくに》で生《う》まれた土佐藩士《とさはんし》。

に

3 亀山社中《かめやましゃちゅう》

坂本龍馬《さかもとりょうま》がつくった集団《しゅうだん》が亀山社中《かめやましゃちゅう》で、これが海援隊《かいえんたい》のもととなった。

と

1 徳川家茂《とくがわいえもち》

和宮《かずのみや》は1862年《ねん》に皇女《こうじょ》降嫁《こうか》という形《かたち》で家茂《いえもち》と結婚《けっこん》した。公武合体運動《こうぶがったいうんどう》のなかでの政略結婚《せいりゃくけっこん》だった。

ほ

1 松下村塾《しょうかそんじゅく》

吉田松陰《よしだしょういん》は、農民《のうみん》や武士《ぶし》など身分《みぶん》に関係《かんけい》なく塾生《じゅくせい》としてむかえ、有名《ゆうめい》な志士《しし》を多《おお》く生《う》み出《だ》した。

ち

3 呉服屋《ごふくや》

多摩郡《たまごおり》の農家《のうか》に生《う》まれ、江戸《えど》の呉服屋《ごふくや》に働《はたら》きに出《だ》されていた。呉服屋《ごふくや》では問題児《もんだいじ》だった。

へ

3 四大《よんだい》

岡田以蔵《おかだいぞう》、田中新兵衛《たなかしんべえ》、河上彦斎《かわかみげんさい》、中村半次郎《なかむらはんじろう》の4人《にん》が「幕末四大人斬《ばくまつよんだいひとき》り」として恐《おそ》れられた。

り

1 黒船《くろふね》

1853年《ねん》に日本《にほん》を訪《おとず》れたのは黒船《くろふね》。当時《とうじ》、世界《せかい》最大級《さいだいきゅう》の軍艦《ぐんかん》で、日本《にほん》を恐怖《きょうふ》におとしいれた。

勝手《かって》に幕《ばく》末《まつ》ランキング

激動《げきどう》の時代《じだい》だっただけに、そこに生《い》きた人物《じんぶつ》は個性派《こせいは》ぞろい。そんな幕末《ばくまつ》の志士《しし》たちを勝《かっ》手《て》にランキングしてみたよ。キミの好《す》きな志士《しし》はいるかな？

イケメンランキング

1 土方歳三《ひじかたとしぞう》 → 24ページ
2 山南敬助《さんなんけいすけ》 → 34ページ
3 久坂玄瑞《くさかげんずい》 → 90ページ

文句《もんく》なしのイケメン、土方《ひじかた》。明《あけ》里《さと》に惚《ほ》れこまれていた山南《さんなん》もイケメンだろう。18歳《さい》で結婚《けっこん》した久坂《くさか》もたぶんイケメン。

おしゃれさんランキング

1 佐久間象山《さくましょうざん》 → 182ページ
2 後藤象二郎《ごとうしょうじろう》 → 130ページ
3 中浜万次郎《なかはままんじろう》 → 135ページ

カッコつけた写真《しゃしん》を残《のこ》した象山《しょうざん》。おしゃれさんに間違《まちが》いなし。上《じょう》流階級《りゅうかいきゅう》に生《う》まれた後藤《ごとう》も、洗練《せんれん》されたセンスをもっていたはず。

燃《も》える男《おとこ》ランキング

1 近藤勇《こんどういさみ》 → 20ページ
2 坂本龍馬《さかもとりょうま》 → 48ページ
3 大久保利通《おおくぼとしみち》 → 104ページ

新選組《しんせんぐみ》のきまりを破《やぶ》れば、なんでもかんでも切腹《せっぷく》、切腹《せっぷく》、ああ切腹《せっぷく》。熱《あつ》い男《おとこ》よ、近藤勇《こんどういさみ》！

孤独《こどく》な影《かげ》が素敵《すてき》ランキング

1 岡田以蔵《おかだいぞう》 → 128ページ
2 山岡鉄舟《やまおかてっしゅう》 → 165ページ
3 大村益次郎《おおむらますじろう》 → 98ページ

ひたすら親分《おやぶん》のために人《ひと》を斬《き》ったり、無《む》心《しん》の境地《きょうち》に達《たっ》して死《し》んだり、頭脳《ずのう》が友達《ともだち》だったり……みんな孤独《こどく》すぎてかっけ～!!

友達《ともだち》になりたいランキング

1 勝海舟《かつかいしゅう》 → 64ページ
2 吉田松陰《よしだしょういん》 → 86ページ
3 沖田総司《おきたそうじ》 → 28ページ

頭《あたま》のいい人《ひと》と友達《ともだち》になっておけば、勉強《べんきょう》も教《おし》えてもらえるし、いいことありそうな……。むふふ。人気者《にんきもの》とも友達《ともだち》になっておきたいところ。

家族《かぞく》にしたいランキング

1 川路利良《かわじとしよし》 → 120ページ
2 和宮《かずのみや》→ 146ページ
3 橋本左内《はしもとさない》→ 198ページ

警察制度《けいさつせいど》を取《と》り入《い》れた「日本警《にほんけい》察《さつ》の父《ちち》」が家族《かぞく》にいたらちょっと自慢《じまん》じゃない？　皇女《こうじょ》が家族《かぞく》だったら素敵《すてき》だし、天才《てんさい》といわれた人《ひと》がいてくれてもうれしい。

性格《せいかく》よさげランキング

1 西郷隆盛《さいごうたかもり》 → 56ページ
2 井上源三郎《いのうえげんざぶろう》 → 39ページ
3 谷干城《たにたてき》 → 137ページ

座右《ざゆう》の銘《めい》からして、いい人《ひと》っぷりがうかがえる西郷《さいごう》が1位《い》。みんなから「源《げん》さん」なんてよばれていた井上《いのうえ》も性格《せいかく》がいいに違《ちが》いない。

近《ちか》づきたくないランキング

1 芹沢鴨《せりざわかも》 → 32ページ
2 篤姫《あつひめ》 → 112ページ
3 高杉晋作《たかすぎしんさく》 → 82ページ

近《ちか》づいたとたん、鉄扇《てっせん》でバチーン！って、死《し》ぬかもしれないでしょーが！　篤姫《あつひめ》はいじめてきそうだし、高杉《たかすぎ》は行動《こうどう》が突飛《とっぴ》すぎてついていけない気《き》が……。

悲惨《ひさん》な人生《じんせい》ランキング

1 板垣退助《いたがきたいすけ》 → 124ページ
2 伊庭八郎《いばはちろう》 → 163ページ
3 徳川慶喜《とくがわよしのぶ》 → 140ページ

板垣《いたがき》はとても活躍《かつやく》して名《な》を残《のこ》したけれど、晩年《ばんねん》が超《ちょう》ビンボーだったなんて可哀想《かわいそう》すぎる。だれか助《たす》けてあげてよ、もうっ。

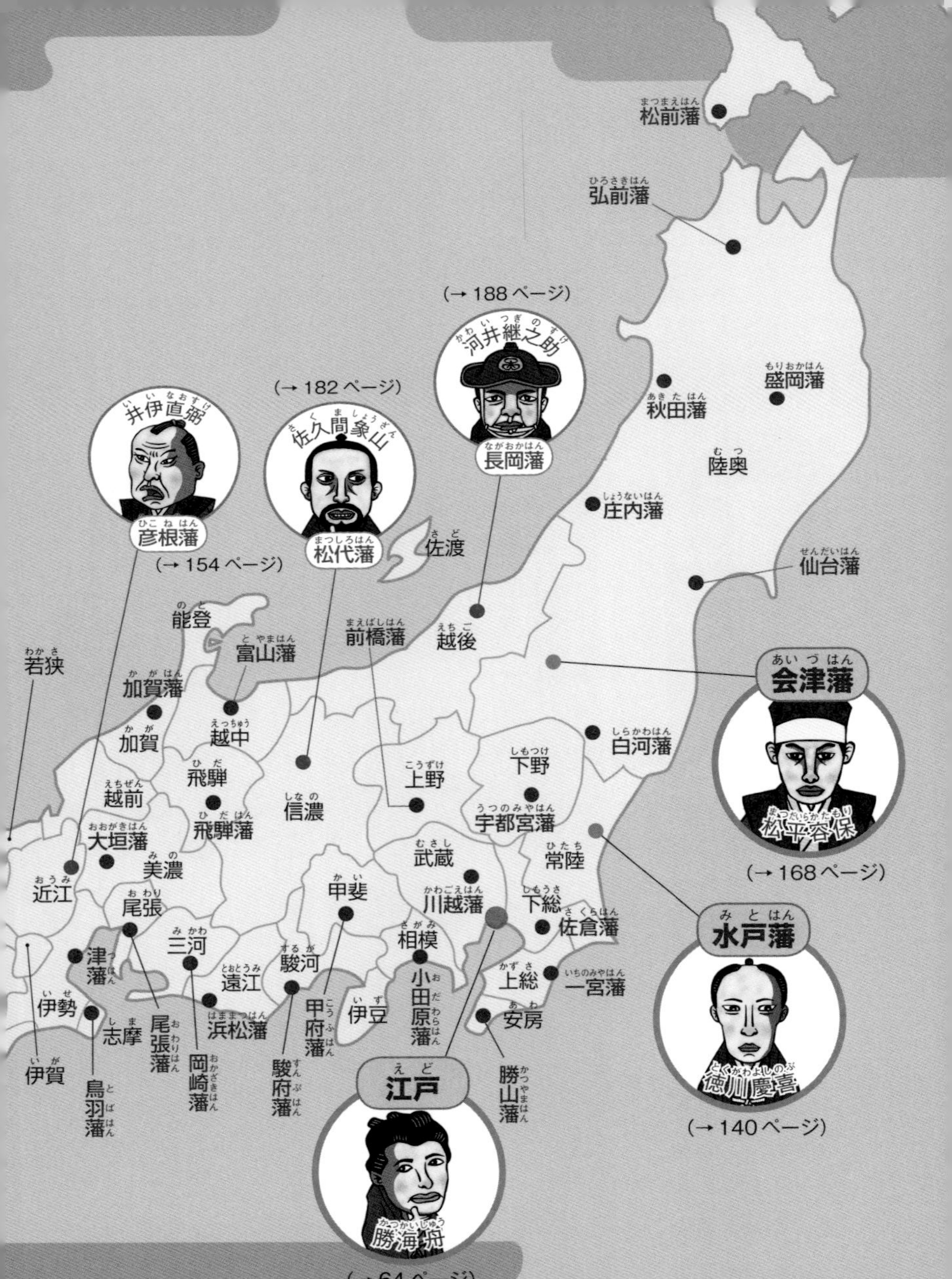
松前藩《まつまえはん》
弘前藩《ひろさきはん》
（→188ページ）
河井継之助《かわいつぎのすけ》
長岡藩《ながおかはん》
盛岡藩《もりおかはん》
秋田藩《あきたはん》
陸奥《むつ》
庄内藩《しょうないはん》
（→182ページ）
佐久間象山《さくましょうざん》
松代藩《まつしろはん》
井伊直弼《いいなおすけ》
彦根藩《ひこねはん》
（→154ページ）
佐渡《さど》
仙台藩《せんだいはん》
能登《のと》
富山藩《とやまはん》
前橋藩《まえばしはん》
越後《えちご》
若狭《わかさ》
加賀藩《かがはん》
会津藩《あいづはん》
越中《えっちゅう》
加賀《かが》
白河藩《しらかわはん》
飛騨《ひだ》
上野《こうずけ》
下野《しもつけ》
越前《えちぜん》
信濃《しなの》
宇都宮藩《うつのみやはん》
松平容保《まつだいらかたもり》
大垣藩《おおがきはん》
飛騨藩《ひだはん》
美濃《みの》
武蔵《むさし》
常陸《ひたち》
（→168ページ）
近江《おうみ》
甲斐《かい》
川越藩《かわごえはん》
下総《しもうさ》
尾張《おわり》
佐倉藩《さくらはん》
水戸藩《みとはん》
三河《みかわ》
相模《さがみ》
津藩《つはん》
駿河《するが》
遠江《とおとうみ》
上総《かずさ》
一宮藩《いちのみやはん》
伊勢《いせ》
小田原藩《おだわらはん》
甲府藩《こうふはん》
伊豆《いず》
安房《あわ》
志摩《しま》
尾張藩《おわりはん》
浜松藩《はままつはん》
伊賀《いが》
岡崎藩《おかざきはん》
駿府藩《すんぷはん》
江戸《えど》
勝山藩《かつやまはん》
徳川慶喜《とくがわよしのぶ》
鳥羽藩《とばはん》
（→140ページ）
勝海舟《かつかいしゅう》
（→64ページ）

資料編《しりょうへん》 幕末《ばくまつ》の主《おも》な藩《はん》マップ

江戸時代《えどじだい》、日本《にほん》は約《やく》300もの藩《はん》に分《わ》けられていた。ここでは、そのなかの主《おも》だった藩《はん》がどこにあったのか紹介《しょうかい》しよう。現在《げんざい》の地名《ちめい》として、藩《はん》の名前《なまえ》が残《のこ》っているところもあるぞ。

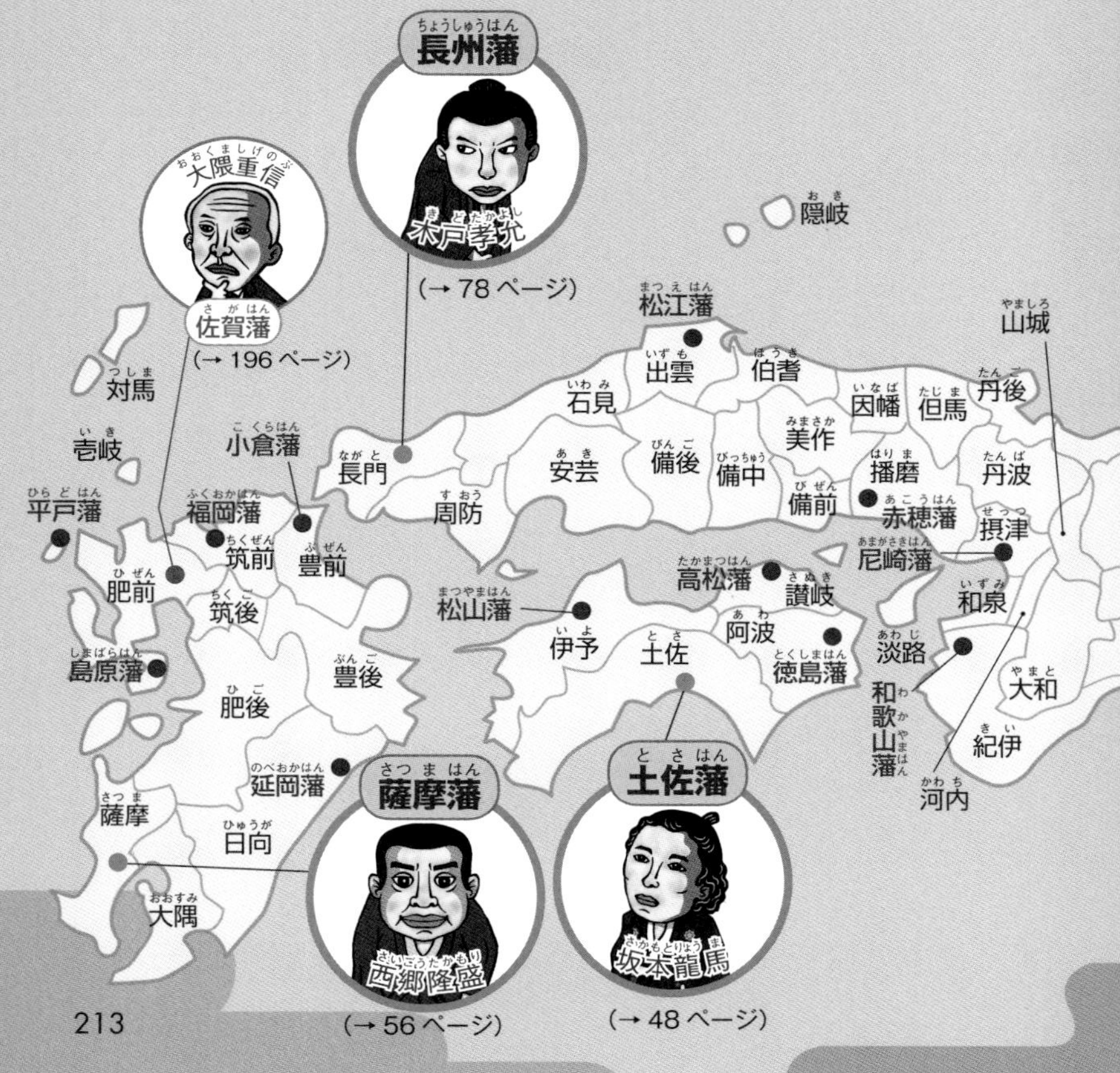

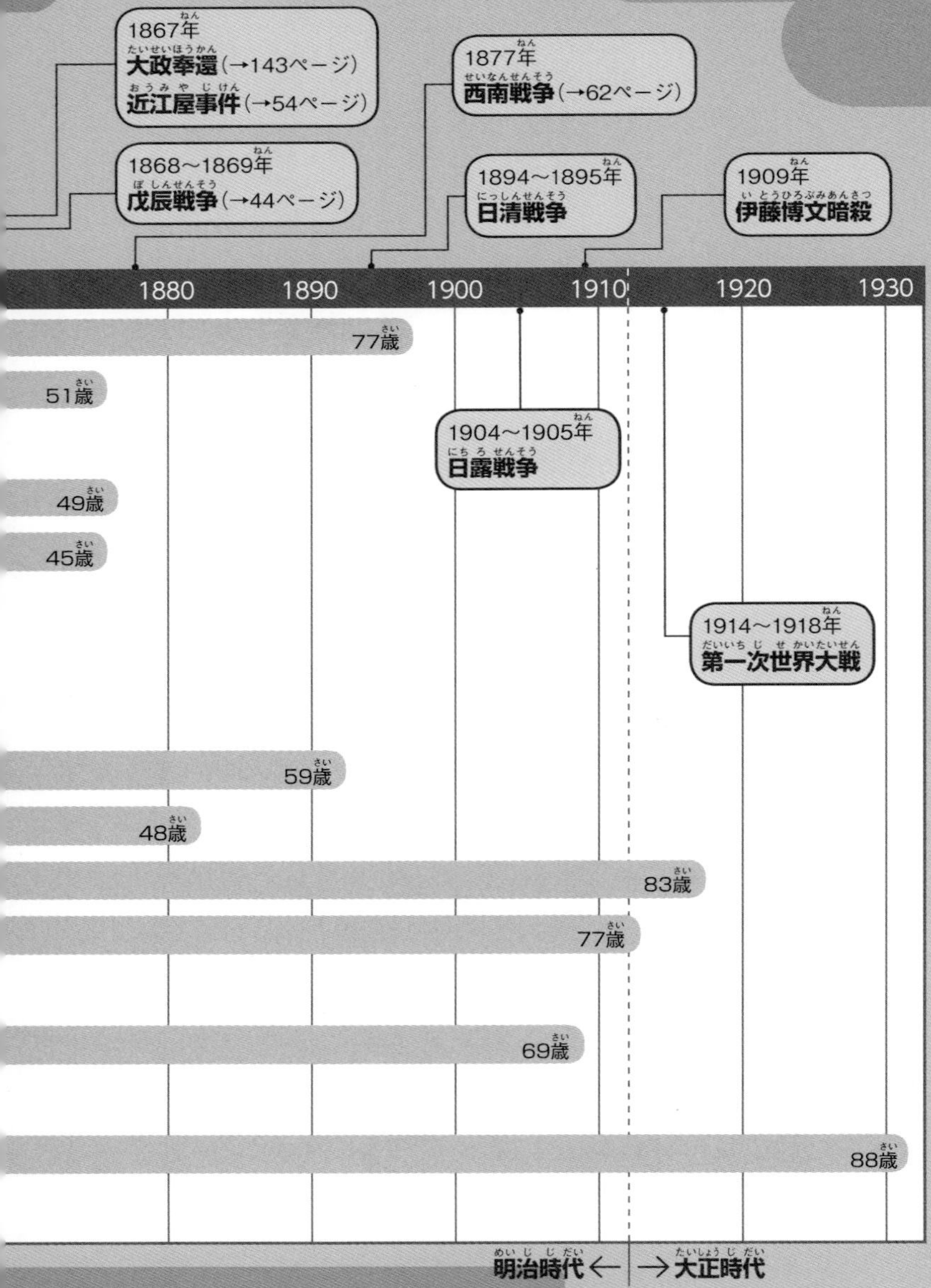
1867年《ねん》
大政奉還《たいせいほうかん》(→143ページ)
近江屋事件《おうみやじけん》(→54ページ)
1868～1869年《ねん》
戊辰戦争《ぼしんせんそう》(→44ページ)
1877年《ねん》
西南戦争《せいなんせんそう》(→62ページ)
1894～1895年《ねん》
日清戦争《にっしんせんそう》
1909年《ねん》
伊藤博文暗殺《いとうひろぶみあんさつ》
1880
1890
1900
1910
1920
1930
77歳《さい》
51歳《さい》
1904～1905年《ねん》
日露戦争《にちろせんそう》
49歳《さい》
45歳《さい》
1914～1918年《ねん》
第一次世界大戦《だいいちじせかいたいせん》
59歳《さい》
48歳《さい》
83歳《さい》
77歳《さい》
69歳《さい》
88歳《さい》
明治時代《めいじじだい》←
→大正時代《たいしょうじだい》

資料編《しりょうへん》

幕末志士《ばくまつしし》の生涯年表《しょうがいねんぴょう》

代表的《だいひょうてき》な幕末志士《ばくまつしし》たちが、いつ生《う》まれ、いつ亡《な》くなったか。おもな事件《じけん》や戦争《せんそう》といっしょに見《み》てみよう。

1858～1859年《ねん》
安政《あんせい》の大獄《たいごく》
（→156ページ）

1820　1830　1840　1850　1860　1870

勝海舟《かつかいしゅう》（→64ページ）1823～1899年《ねん》

西郷隆盛《さいごうたかもり》（→56ページ）1827～1877年《ねん》

吉田松陰《よしだしょういん》（→86ページ）1830～1859年《ねん》　30歳《さい》

大久保利通《おおくぼとしみち》（→104ページ）1830～1878年《ねん》

木戸孝允《きどたかよし》（→78ページ）1833～1877年《ねん》

近藤勇《こんどういさみ》（→20ページ）1834～1868年《ねん》　35歳《さい》

土方歳三《ひじかたとしぞう》（→24ページ）1835～1869年《ねん》　35歳《さい》

坂本龍馬《さかもとりょうま》（→48ページ）1835～1867年《ねん》　33歳《さい》

松平容保《まつだいらかたもり》（→168ページ）1835～1893年《ねん》

篤姫《あつひめ》（→112ページ）1836～1883年《ねん》

板垣退助《いたがきたいすけ》（→124ページ）1837～1919年《ねん》

徳川慶喜《とくがわよしのぶ》（→140ページ）1837～1913年《ねん》

高杉晋作《たかすぎしんさく》（→82ページ）1839～1867年《ねん》　29歳《さい》

伊藤博文《いとうひろぶみ》（→74ページ）1841～1909年《ねん》

沖田総司《おきたそうじ》（→28ページ）1842～1868年《ねん》　27歳《さい》

新島八重《にいじまやえ》（→172ページ）1845～1932年《ねん》

徳川家茂《とくがわいえもち》（→144ページ）1846～1866年《ねん》　21歳《さい》

＊年《ねん》れいは、亡《な》くなった歳《とし》を
かぞえ歳《どし》であらわしているよ。

江戸時代《えどじだい》←｜→明治時代《めいじじだい》

おわりに

小学生《しょうがくせい》のみなさんには、江戸《えど》時代《じだい》や明治《めいじ》時代《じだい》なんて遠《とお》い昔《むかし》のことのように感《かん》じるかもしれません。でも、明治元年《めいじがんねん》は1868年《ねん》。今《いま》からたった150年前《ねんまえ》です。「やっぱり大昔《おおむかし》じゃん」って思《おも》いますか？　では、みなさんのまわりやテレビなどで、100歳《さい》をこえたお年寄《としよ》りを見《み》たことはないでしょうか。そう、100年前《ねんまえ》なんてそんなに大昔《おおむかし》の話《はなし》ではないのです。

そんなに昔《むかし》ではない時代《じだい》に、日本《にほん》は鎖国《さこく》をしていたり、黒船《くろふね》に恐怖《きょうふ》をおぼえたり、国内《こくない》で戦争《せんそう》がおこったりしていました。また、ちょんまげを結《ゆ》ったサムライたちが歩《ある》いていたり、人斬《ひとき》りという名《な》の罪人《ざいにん》がヒーローだったりしたのです。なんだか信《しん》じられないことですね。

内乱《ないらん》があり、身分制度《みぶんせいど》が厳《きび》しく、西洋《せいよう》の文化《ぶんか》や文明《ぶんめい》が入《はい》ってきていなかった古《ふる》い日本《にほん》を大《おお》きく変《か》えたのは、江戸《えど》時代《じだい》を終《お》わらせるために戦《たたか》った志士《しし》たちです。

佐幕派《さばくは》も倒幕派《とうばくは》もいました。いろいろな人《ひと》がそれぞれの思想《しそう》で戦《たたか》いました。人斬《ひとき》り、弾圧《だんあつ》、投獄《とうごく》、島流《しまなが》し……。今《いま》から見《み》ると間違《まちが》った行《おこな》いもあったのかもしれません。しかし、だれもが日本《にほん》をよくしようという信念《しんねん》で戦《たたか》ったことには違《ちが》いがありません。その結果《けっか》日本《にほん》は開国《かいこく》し、新政府《しんせいふ》が創設《そうせつ》され、新《あたら》しい時代《じだい》をむかえることができたのです。彼《かれ》らがいなかったら、今《いま》もまだ日本《にほん》にサムライたちが歩《ある》いていたりしてね。

時代《じだい》を変《か》えた彼《かれ》らの人生《じんせい》を学《まな》べば、みなさんの人生《じんせい》も変《か》わってくるかもしれません。役立《やくだ》つこともきっとあるはず。志士《しし》たちひとりひとりの人生《じんせい》を、じっくり感《かん》じとってもらえるとうれしく思《おも》います。

ながたみかこ

人物《じんぶつ》さくいん

※うすい文字《もじ》は、ページ内《ない》に小《ちい》さくとりあげている人物《じんぶつ》です。

川路利良《かわじとしよし》……**120**・211

き

来島又兵衛《きじままたべえ》……**100**

木戸孝允《きどたかよし》（桂小五郎《かつらこごろう》）……13・47・57・60・75・77・**78**・121・138・179・185・213・215

木戸松子《きどまつこ》（幾松《いくまつ》）……80・**179**

清河八郎《きよかわはちろう》……22・164・165・**199**・200

く

久坂玄瑞《くさかげんずい》……79・89・**90**・179・210

こ

孝明天皇《こうめいてんのう》……13・14・16・145・**149**・170

後藤象二郎《ごとうしょうじろう》……47・49・53・**130**・135・210

小松帯刀《こまつたてわき》……**121**

近藤勇《こんどういさみ》……12・16・19・**20**・25・26・29・30・32・34・35・39・40・199・206・208・210・215

近藤周助《こんどうしゅうすけ》……22・39

さ

西郷隆盛《さいごうたかもり》……13・17・44・47・**56**・62・65・69・70・81・99・105・106・109・114・120・121・122・138・165・166・185・198・201・205・206・211・213・215

斎藤一《さいとうはじめ》……19・**35**

坂本龍馬《さかもとりょうま》……13・16・47・**48**・54・60・66・81・129・130・132・138・164・178・181・182・195・200・205・209・210・213・215

相楽総三《さがらそうぞう》……**201**

佐川官兵衛《さがわかんべえ》……**176**

佐久間象山《さくましょうざん》……116・**182**・210・212

佐々木只三郎《ささきたださぶろう》……**164**

佐田白芽《さたはくぼう》……61

三条実美《さんじょうさねとみ》……13・**186**

山南敬助《さんなんけいすけ》……19・**34**・200・210

し

島津斉彬《しまづなりあきら》……47・57・58・**108**・112・117・142

島津久光《しまづひさみつ》……59・105・114・**117**・118・121・122

す

杉文《すぎふみ》……**179**

捨松《すてまつ》……122

せ

芹沢鴨《せりざわかも》……19・21・22・**32**・42・206・208・211

た

高杉晋作《たかすぎしんさく》……13・75・77・**82**・89・91・95・96・100・211・215

武田観柳斎《たけだかんりゅうさい》……19・43

武市半平太《たけちはんぺいた》……13・47・50・128・**132**・137

た

田中新兵衛《たなかしんべえ》……116・**119**・209

谷三十郎《たにさんじゅうろう》……19・43

谷干城《たにたてき》……**137**・211

玉木文之進《たまきぶんのしん》……88

ち

千葉佐那《ちばさな》……**181**

千葉周作《ちばしゅうさく》……199・**200**

て

寺島忠三郎《てらしまちゅうざぶろう》……91

寺田屋登勢《てらだやとせ》……**178**

と

藤堂平助《とうどうへいすけ》……19・**37**・200

徳川家定《とくがわいえさだ》……14・15・110・112・141・**150**

徳川家茂《とくがわいえもち》……12・15・16・22・112・139・141・142・**144**・147・148・156・207・209・215

徳川斉昭《とくがわなりあき》……159・197

徳川慶喜《とくがわよしのぶ》……12・16・44・46・49・53・65・69・110・112・130・**140**・144・148・156・165・171・183・196・197・198・207・211・212・215

な

中岡慎太郎《なかおかしんたろう》……13・47・54・**138**

永倉新八《ながくらしんぱち》……19・35・**36**・40・206

中野竹子《なかのたけこ》……**181**

中浜万次郎《なかはままんじろう》……14・**135**・161・210

中村半次郎《なかむらはんじろう》(桐野利秋《きりのとしあき》)……**114**・116・209

楢崎龍《ならさきりょう》……47・50・**178**

に

新島八重《にいじまやえ》(山本八重《やまもとやえ》)……**172**・205・215

新見錦《にいみにしき》……43

は

橋本左内《はしもとさない》……47・58・157・182・**198**・211

原田左之助《はらださのすけ》……19・**38**・206

ひ

土方歳三《ひじかたとしぞう》……12・19・21・**24**・30・33・40・43・207・210・215

ふ

福沢諭吉《ふくざわゆきち》……**190**

藤田東湖《ふじたとうこ》……15・47・58・**197**

へ

ペリー……14・15・98・149・150・154・**192**・194・207

ほ

保科正之《ほしなまさゆき》……170

ま

松平容保《まつだいらかたもり》……12・18・22・**168**・174・212・215

松原忠司《まつばらただじ》……19・43

み

三木三郎《みきさぶろう》……19・43

む
陸奥宗光《むつむねみつ》……194・**195**
村山《むらやま》たか……**180**
や
安井息軒《やすいそっけん》……137
山内容堂《やまうちようどう》……46・53・130・133・141
山岡鉄舟《やまおかてっしゅう》……70・163・**165**・210
山川大蔵《やまかわおおくら》……12・122・**174**
山県有朋《やまがたありとも》……**96**
山本覚馬《やまもとかくま》……173
よ
吉田松陰《よしだしょういん》……59・75・79・83・**86**・91・92・102・157・179・182・205・207・209・211・215
吉田東洋《よしだとうよう》……125・128・130・132・**134**・136
吉田稔麿《よしだとしまろ》……89・97・**101**

キーワードさくいん

※太《ふと》い数字《すうじ》は、くわしく説明《せつめい》しているページです。

あ
会津戦争《あいづせんそう》……45・**171**・172・174・176・181
安政の大獄《あんせいのたいごく》……15・59・87・91・154・**156**・198・215
い
池田屋事件《いけだやじけん》……16・21・**23**・29・37・43・101
維新三傑《いしんさんけつ》……56・79・104
岩倉使節団《いわくらしせつだん》……17・47・106・**185**
う
上野戦争《うえのせんそう》……45
え
蝦夷共和国《えぞきょうわこく》……160
江戸城無血開城《えどじょうむけつかいじょう》……17・46・57・65・69・**70**・147・153・161・165・171
お
王政復古の大号令《おうせいふっこのだいごうれい》……17・44・107・141・**143**・184
近江屋事件《おうみやじけん》……**54**・138・215
大奥《おおおく》……**152**
か
海援隊《かいえんたい》……51・**52**・195・209
海防八策《かいぼうはっさく》……182
亀山社中《かめやましゃちゅう》……49・51・**52**・195・209
咸臨丸《かんりんまる》……16・66・68

き

奇兵隊《きへいたい》……**84**・96

京都守護職《きょうとしゅごしょく》……169・170

局中法度《きょくちゅうはっと》……**41**

禁門《きんもん》の変《へん》……16・52・59・60・**85**・91・93・100・102・115・120

く

黒船《くろふね》……10・50・72・88・**193**・209

け

慶応義塾《けいおうぎじゅく》……190

こ

公武合体運動《こうぶがったいうんどう》……59・93・117・134・**145**・147・209

御陵衛士《ごりょうえじ》……35・**37**

五稜郭《ごりょうかく》の戦《たたか》い……17・45・160・**162**

さ

桜田門外《さくらだもんがい》の変《へん》……16・**156**・169・180

薩英戦争《さつえいせんそう》……117・**122**

薩長同盟《さっちょうどうめい》……13・16・47・49・52・52・60・**81**・105・107・115・121・208

し

試衛館《しえいかん》……21・22・30・35・36・37・38・39・40・208

下関事件《しものせきじけん》……**94**

四国艦隊下関砲撃事件《しこくかんたいしものせきほうげきじけん》……77・85・**94**

士族制度改革《しぞくせいどかいかく》……105・**107**

自由党《じゆうとう》……127・130

自由民権運動《じゆうみんけんうんどう》……97・124・126・**127**・130・208

松下村塾《しょうかそんじゅく》……75・83・86・**89**・91・92・96・101・102・209

少林塾《しょうりんじゅく》……136

迅衝隊《じんしょうたい》……127

せ

征韓論争《せいかんろんそう》……17・47・57・**61**・105・106・114

西南戦争《せいなんせんそう》……17・47・57・61・**62**・81・99・106・122・137・175・177・214

赤報隊《せきほうたい》……201

船中八策《せんちゅうはっさく》……47・49・**53**・131

た

大政奉還《たいせいほうかん》……16・44・46・49・53・54・121・130・141・**143**・171・184・214

ち

長州征伐《ちょうしゅうせいばつ》……13・60・**107**・144

て

適塾《てきじゅく》……98・190

寺田屋事件《てらだやじけん》……118

天狗党《てんぐとう》……32

と

土佐勤王党《とさきんのうとう》……13・50・127・132・134・138

鳥羽《とば》・伏見《ふしみ》の戦《たたか》い……17・23・39・**44**・70・115・141・163・173・176

な

長崎海軍伝習所《ながさきかいぐんでんしゅうじょ》……158

生麦事件《なまむぎじけん》……**122**

に

日米修好通商条約《にちべいしゅうこうつうしょうじょうやく》……15・68・142・156・**194**

日米和親条約《にちべいわしんじょうやく》……15・158・**194**

は

廃藩置県《はいはんちけん》……17・61・105・107

版籍奉還《はんせきほうかん》……17・61・105・107

ふ

不平等条約《ふびょうどうじょうやく》……**194**

文久《ぶんきゅう》の政変《せいへん》……16・23・60・81・85・**93**・186

へ

別選組《べっせんぐみ》……**177**

ほ

北越戦争《ほくえつせんそう》……45

戊辰戦争《ぼしんせんそう》……17・27・38・**44**・96・98・107・120・122・127・143・160・162・166・169・175・188・201・215

み

三菱財閥《みつびしざいばつ》・三菱商会《みつびししょうかい》……136

民撰議院設立建白書《みんせんぎいんせつりつのけんぱくしょ》……127

よ

四大人斬《よんだいひとき》り……114・**116**・119・128・183

り

陸援隊《りくえんたい》……138

立志社《りっししゃ》……127

わ

隈板内閣《わいはんないかく》……**196**

＜おもな参考文献＞

「いっきにわかる新選組」（ＰＨＰ研究所）／「いっきにわかる幕末史」（ＰＨＰ研究所）／「新選組真史」（産学社）／「決定版 図説・幕末志士199」（学習研究社）／「幕末・維新群像ビジュアル百科」（ポプラ社）

著者 ながたみかこ

三重県生まれ、東京都在住。言葉遊びや日本語学習などの児童書を中心に手がけている。著書に『日本の妖怪＆都市伝説事典』『世界のモンスター＆怪人・怪事件事典』『最強の戦国武将事典』『最驚の宇宙人＆UFO事典』『秘密の忍者＆忍術事典』『伝説の海賊＆大事件事典』『最強バトル！ 戦国合戦事典』（大泉書店）、監修に『フシギで楽しい！妖怪・モンスター図鑑』（池田書店）など。幕末にタイムスリップしたなら、人斬りを取材してみたいと考えている。

監修者 山村竜也

歴史作家、時代考証家。NHK大河ドラマ「新選組！」「龍馬伝」「八重の桜」などの時代考証を担当する。著書に、『吉田松陰と松下村塾の志士100話』『いっきにわかる幕末史』(PHP研究所)、『新選組真史』(産学社)、『天翔る龍 坂本龍馬伝』(NHK出版)など多数。児童書の監修も多く手がけている。

デザイン ニシ工芸株式会社
イラスト なかさこかずひこ！
編集協力 株式会社童夢
校　閲 青木一平

風雲！ 幕末志士事典

2015年1月25日 初版発行

著　者 ながたみかこ
監修者 山村竜也
発行者 佐藤龍夫
発行所 株式会社大泉書店
住所 〒162-0805 東京都新宿区矢来町27
電話 03-3260-4001（代表） FAX 03-3260-4074
振替 00140-7-1742
URL http://www.oizumishoten.co.jp
印　刷 半七写真印刷工業株式会社
製　本 株式会社明光社

ISBN978-4-278-08507-5 C8076